實業寺《じつげふじ》本尊

千手《せんじゆ》観世音《かんぜをん》菩薩《ぼさつ》

澁澤《しぶさは》　青淵和尚《せいえんをせう》作《さく》

作寺傳《でん》によれば青淵和尚《せいえんをせう》御自作《ごじさく》の本尊《ほんぞん》にして實業寺《じつげふじ》の檀下《だんか》有《あら》ゆる衆生《しゆせう》の渇仰崇敬《かつかうそうけい》する菩薩《ぼさつ》にして御手《おんて》に種々《いろ／＼》の道《だう》具《ぐ》を持《も》たせ給《たま》ひて晝夜《ちうや》濟度《さいど》し給《たま》ふ靈驗《れいげん》誠《まこと》に赫灼《いやちこ》なりといへども弘法《こうぼう》も筆《ふで》の誤《あやまり》千《せん》に一《ひと》つ誤《あやまり》あつては折角《せつかく》の箔《はく》も剝落《はげおち》んかと憂《うれ》ふる面々《めん／＼》もありさかや

千手観音

現今日本實業界中有一位千手観音。名叫澁澤榮一。如今國內出名的公司。行情、股份。所有商工事業。無一也不出手的。這個佛爺能耐雜爲可驚。一若說到他辦得何如、又也得疑惑犯猜

監修者――加藤友康／五味文彦／鈴木淳／高埜利彦

［カバー表写真］
第一国立銀行

［カバー裏写真］
渋沢栄一

［扉写真］
実業寺本尊千手観世音菩薩
（北澤楽天画）

日本史リブレット人 085

渋沢栄一

近代日本社会の創造者

Inoue Jun
井上 潤

目次

今、注目される渋沢栄一

渋沢栄一(一八四〇~一九三一)は、今、非常に注目されている人物の一人である。社会のなかで倫理観・道徳観の欠如からくるさまざまな事件・不祥事が起こるたびに渋沢栄一が採り上げられている。

この二十数年間、それがたえず小さな波として押しよせてきたが、ここ数年の大きな波は、さらに大きくなり今なお押しよせてきている。

これまでのビジネスマンが読む経済雑誌などでの簡単な人物紹介ではなくて、非常に大きな流れのなかで、渋沢がより深く、広く採り上げられるようになってきている。これは日本の国内だけではなく、海外においても、「渋沢論」をもっと深めて研究しなければいけないという気運が起こってきている。

たとえば、中国・武漢《ぶかん》にある華中《かちゅう》師範大学には、十六年前に「渋沢栄一研究センター」が立ち上がっている。今、中国でも渋沢栄一に注目し、もっと研究を深めなければいけないと動き出しているのである。

そういう意味で、今、世の中においても非常に注目されている渋沢栄一像だが、九二年の生涯を今一度振り返りながら、なぜこのように採り上げられるのかというところを、探っていきたいと思う。

①—渋沢栄一の原点

生まれ育った地域、そして家

渋沢栄一が生まれたのは、一八四〇(天保《てんぽう》十一)年である。中国で阿片《あへん》戦争▲が起こった年になる。アジアに欧米列強の脅威が押しよせてきて、日本も、やがてそういう脅威に巻き込まれていくのではないかという、非常に不安で不穏な空気が流れるなか、渋沢は武蔵国榛沢郡血洗島村《むさしのくにはんざわぐんちあらいじま》(現、埼玉県深谷《ふかや》市血洗島)に生まれている。この「血洗島」という名前自体も非常に物騒な名前だが、これからの時代を先取りしたような、荒れた時代のなかを生きていくような地名のところに生まれたのである。

この血洗島は、水田が非常に少なく、畑地が中心の農村地帯であった。江戸《えど》時代の日本は「米社会」といわれるように、税を米でおさめるのが主流であったが、血洗島村は岡部《おかべ》▲という小さな藩領《はんりょう》にあり、この領内においては米でおさめることをせず、早くから「金納」というシステムがとられていた。つまり、近世の比較的早い時期から貨幣経済が浸透した地域だったのである。

▼阿片戦争　アヘンの密輸が原因となり、清《しん》国とイギリスとのあいだで起こった戦争。清国側の貿易拒否に端を発し開戦し、南京《ナンキン》条約への調印にて終結した。敗戦した清国は、多額の賠償金を払うと同時に、香港《ホンコン》の割譲、広東《カントン》・厦門《アモイ》・福州《ふくしゅう》・寧波《ニンポー》・上海《シャンハイ》の開港を認めた。

▼岡部藩　徳川氏譜代《とくがわしふだい》の家臣《かしん》安部信盛《あべのぶもり》を藩祖《はんそ》とする。武蔵国岡部を本拠としていた。三河半原《みかわはんばら》、摂津《せっつ》桜井谷《さくらいだに》・瓜生《うりゅう》にも所領を有していたが、本拠より三河・摂津の飛地のほうが規模が大きくいびつな所領であった。

▼**中山道**　江戸時代の五街道《ごかいどう》の一つで、本州中部の内陸側をとおり、江戸日本橋《にほんばし》から草津《くさつ》宿まで通じていた。途中六七カ所の宿場が設置されていた。「中山道」「中仙道」の表記は、一七一六(正徳《しょうとく》六)年の幕府通達により「中山道」に統一された。

また周辺をみわたすと、北に利根《とね》川が流れ、南に主要街道である中山道《なかせんどう》▲がとおっている。江戸からちょうど二〇里《り》(約八〇キロ)ぐらいの距離にあった。当時、物資の輸送は舟運が中心で、利根川でも盛んに行われていた。血洗島村の北東に位置する中瀬《なかせ》には、船着場と問屋《といや》・蔵《くら》が立ちならぶ商業地である河岸《かし》があり、人やモノの輸送・集積がなされた交通および地域経済の要衝の地であった。また、村の南をとおる中山道には深谷宿《しゅく》という大きな宿場があり、一八四三(天保十四)年の「宿明細帳」によると、本陣《ほんじん》一、脇《わき》本陣四以下、大小八〇軒の旅籠《はたご》屋があり、人口一九二八人の宿場であった。利根川の中瀬河岸があることや、寄居《よりい》方面への分岐点であったこともあり、商業がきわめて盛んで、近江《おうみ》の行商人が土着し、有力商人になった者もあったようである。

このように血洗島周辺は江戸から八〇キロぐらいの距離ということもあり、江戸で起こっているさまざまな情報だとか文化が、人や物資とともに流入する地域であった。そういうなかで、渋沢は生まれ育ったのである。

渋沢は、その村のなかにおいても非常に由緒のある家に育っている。血洗島へいくと、今でも毎年十月中旬ごろに「ささら舞《まい》」という獅子《しし》舞の祭礼が行われ

渋沢栄一の生家

諏訪神社

諏訪神社前の獅子舞

ている。村の鎮守《ちんじゅ》諏訪《すわ》神社からでて、吉岡《よしおか》、福島、笠原《かさはら》、渋沢という四軒の旧家をまわるのだが、もともと『新編武蔵風土記稿《ふどきこう》』▲などの地誌には、「血洗島村は五軒によって開かれた」旨の記述がみられる。そのうちの四軒が今でも現存しているわけで、そこをまわるのである。つまり、村のなかにおいて由緒ある家に生まれているのである。

　最初は五軒からスタートした村も、時代をへるうちに家数も徐々にふえていき、渋沢家も分家が一〇軒ぐらいまでふえていったといわれている。本家筋にあたるのが、「中ノ家（ナカンチ）」（以下、カッコ内は、地元での呼称）。そして、その家を中心に、「前ノ家（マエンチ）」「東ノ家（ヒガシンチ）」「新屋敷（シンヤシキ）」「古新宅（コシンタク）」などという分家筋がどんどんでていく状況であった。渋沢栄一は、その本家筋の「中ノ家」で生まれたのである。

　当主は、代々「市郎右衛門《いちろうえもん》」を名乗っていて、栄一の父親も名主《なぬし》見習いをつとめ、名字帯刀《みょうじたいとう》を許された、村でも格の高い家柄であった。

　また、この地域は、家数に比べて安定した耕作地が少なく、農作だけでは経営があまり成り立つ状況ではなかった。それゆえに、貨幣経済が早くから浸透

▼**『新編武蔵風土記稿』**　昌平坂《しょうへいざか》学問所《がくもんじょ》地理局の事業として一八一〇（文化《ぶんか》七）年に起稿し、三〇（天保元）年に完成した二六六巻からなる武蔵国の地誌。自然・歴史・農地・産物・寺社・名所・旧跡・旧家・人物・習俗など、地域に関するすべての事柄が網羅されている。

渋沢家系図

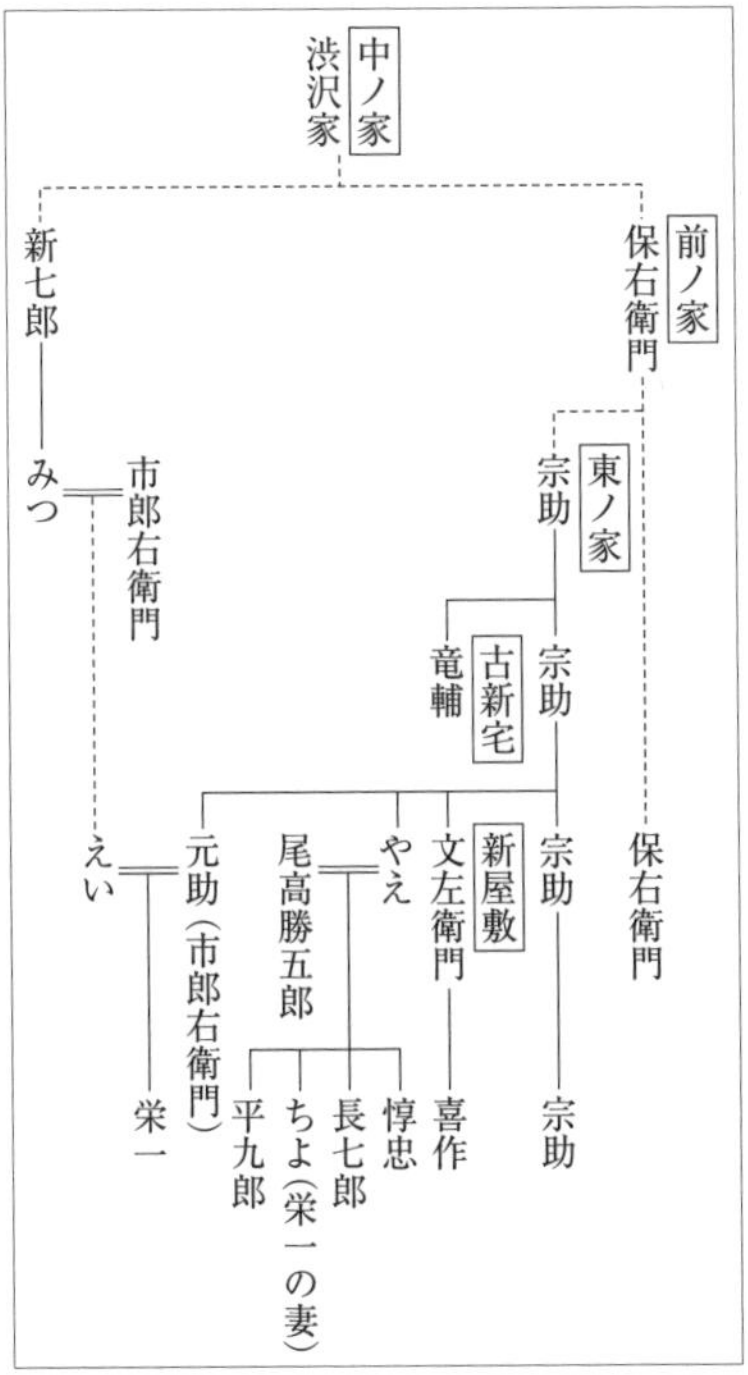

尾高惇忠

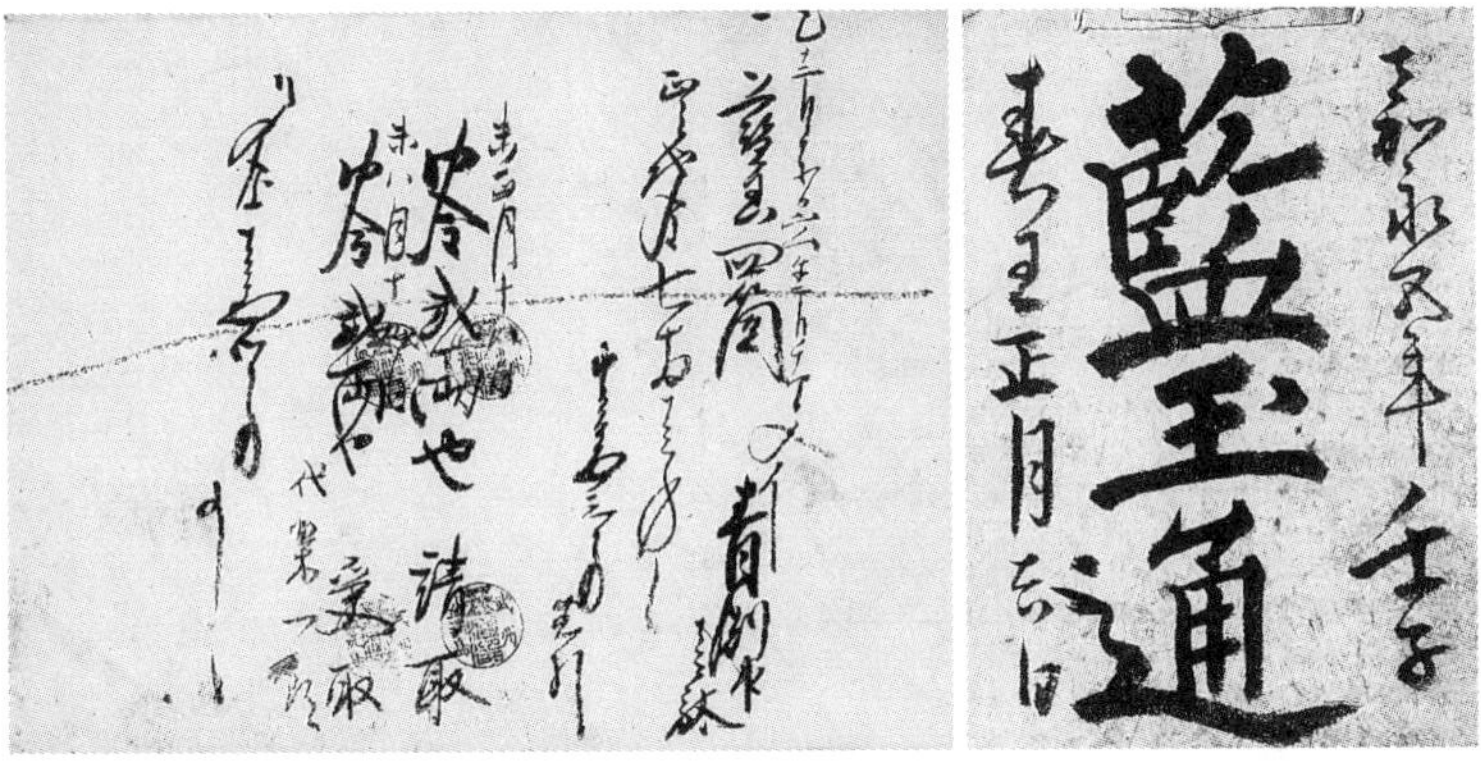

藍玉通(1852~75〈嘉永5~明治8〉年)

していたなかで、商業活動を営む家が多かったようである。渋沢の家々も、商売をするようになっていた。血洗島周辺の村々には「武州藍《ぶしゅうあい》」といって、藍染めに使う藍の葉がよくとれたので、それを買い集めて加工し、信州《しんしゅう》(長野)や上《じょう》州《しゅう》(群馬)の紺屋《こうや》に売りにいく商売が多く行われていた。渋沢「中ノ家」では、栄一の父親の代から、それを本格的に行うようになり、これがまた財を築くもとになっていった。その他商売も多角的に行い、村で一、二を争う財をなす家で渋沢栄一は育っているわけである。

「中ノ家」の商況を、単純に藍玉《だま》の売上高だけでみると、最高売上高の顧客が五八五両《りょう》、最小売上高の顧客が五両二分《ぶ》と、その年、取引先によって開きのある数値を示しているが、単純に平均化すると、一軒で一年一〇〇両の取引があったことがわかる。たとえば、信州の小県《ちいさがた》地方だけで約五〇軒の紺屋との取引があったから、全体で一〇〇軒との取引があったと仮定すると、一年に一万両以上の売上があったことになる。これはあくまでも売上高で、実際の利益がどの程度あったかは不明だが、藍の商売によって「中ノ家」が財をなしたということを裏づける事例といえる。

さきに、一〇軒ほどの分家があると述べたが、家意識の強さを非常に感じられる一族であった。実は、栄一の父親は、分家の「東ノ家」から「中ノ家」に養子としてはいっている。母親のほうが家付きの娘で、だれか養子をとらなければいけないという話ではあったが、もう一ついえば、栄一の祖父の代ぐらいまでは、経営があまり上向きにならず、発展していない状況であった。むしろ分家の「東ノ家」のほうに勢いがあって、経営状態も非常によかったのであった。

そのころは、「『中ノ家』は本家筋でもあるので、家をたやしてはいけない」とたえずいわれていた。そのなかにあって、もともとは「東ノ家」の元助《もとすけ》といっていた栄一の父親が非常に有能な人物だったので、一族間の話のなかで、彼を養子にとって「中ノ家」を再興させるべきだということになり、元助が養子にいって、「中ノ家」を再興させたということである。そして、その元助が市郎右衛門として多角的な経営に乗りだして、財を築いたというわけである。

「たとえ分家の『東ノ家』が隆盛をきわめていても、やはり本家をたやしてはいけない。一族間でそれを守っていかなければいけない」という意識があり、家意識を強く感じさせる一族であった。

▼『大学』　儒教の経書の一つで、『中庸』『論語』『孟子《もうし》』とあわせて四書《じゅきょうきょうしょ》とされた。儒者《じゅしゃ》にとっての基本綱領が示されているとして重要視された。もとは『礼記《らいき》』の一篇であり、曾子《そうし》作とも秦《しん》・漢《かん》時代の儒家《じゅか》

また、藍玉の商売については先述したが、渋沢栄一の家は、上州、江戸近郊などもまわるなか、おもに信州上田《うえだ》のほうに販路を築いていて、分家もそれぞれ藍玉の商売を行っていたと渋沢は語っている。ある家は上州伊勢崎《いせざき》のほうに売りにいく、ある家は信州でも違う地域に売りにいくということで、家々で売り先が違っていたといっている。ある一面では、それぞれが独立して経営していたともとれるが、販路をより拡大し、経営自体を拡大化していこうという意思のもとに一族の家意識があって、一つにまとまった考えのもとで経営をしていたとも考えられる。より一層の強い結び付きがあっただろうし、一族で会社組織的な意味合いをなしていったなかで、渋沢も、そういうものをみていたと思われる。これは私の推論にすぎないところでもあるが、どことなく、それを感じさせるところがある。

栄一自身は、藍の葉を買い集める際に、番付表をつくったりしている。競争原理を働かせて、より質の高いもの、よりよいものを販売できる、または安く買い集められるというように、のちの資本主義社会につながっていくようなシステムをたえず実験的に行っていたのである。

の作ともいわれている。

▼**『中庸』**　四書の中心的概念の一つである。もとは『礼記』の一篇であり、子思《しし》の作というのが通説となっているが、その成立には諸説ある。『大学』が四書の入門書であるのに対し、『中庸』は最後に読むべきものとされている。

▼**『論語』**　孔子《こうし》と彼の高弟の言行を孔子の死後、弟子が記録した書物。『孟子』『大学』『中庸』とあわせて四書の一つとされている。中国において約二〇〇〇年間学問の主要科目であり、科挙《かきょ》の出題科目にもなっていた。

▼**尾高惇忠**　一八三〇〜一九〇一年。渋沢栄一の従兄弟にして義兄となる。渋沢の学問の師であった。彰義隊《しょうぎたい》から分派した振武軍《しんぶぐん》を結成して飯能《はんのう》戦争を戦った。のち、富岡《とみおか》製糸場の初代場長をつとめたり、第一国立《こくりつ》銀行仙台支店支配人などをつとめたりしている。

渋沢は、この村、家で少年期に家業を手伝いながら、父親の経営手法をみて育っているので、知らず知らずのうちに、のちの経済活動につながっていくものを体のなかにうえつけられていったということである。学校へいって経済学を学ぶ時代ではけっしてなかったし、渋沢は、そういうことをほとんどしていないので、むしろ実践のなかで商売のノウハウ、経済観といったものを身に着けていったことはまちがいないと思われる。

「官尊民卑の打破」の芽生え

渋沢の育った上層のクラスの家ともなると、教養という面にも非常に重きをおかれるところがあった。渋沢史料館には、栄一の父親が俳句を読んだ句稿が今でも残っている。やはり文化的にも水準の高い家だった一端を裏づけるものである。渋沢も六歳ぐらいより『大学《だいがく》』▲『中庸《ちゅうよう》』▲から『論語《ろんご》』▲をはじめ四書五経《ししょごきょう》の読書を父親から授けられるようになったと語っている。

ところが、となりの手計《てばか》村に、地域では名のとおった尾高惇忠《おだかじゅんちゅう》▲（七ページ写真参照）という漢学に秀でた者がいた。従兄弟関係でもあったので、その人に

▼『**南総里見八犬伝**』　滝沢馬琴《たきざわばきん》(曲亭《きょくてい》馬琴)が著わした江戸時代の戯作《ぎさく》文芸、または長編伝奇《でんき》小説の代表的作品の一つ。一八一四(文化十一)年に刊行が開始され、四二(天保十三)年に完結した。全九八巻、一〇六冊からなる大作。

授けてもらったほうがいいだろうということで、父親から授けられるようになってから一年たらずで、尾高惇忠の家に毎日かようようになった。今、深谷にいくと、血洗島と手計村のあいだがきれいに整備され、「論語の道」と称して、渋沢が毎日ここをとおったという標識がつけられている。

この尾高惇忠の読書の授け方が少し変わっていた。当時は、素読みして解釈を加え、一字一句暗記させる方法が中心だった。もちろん、そのような読書の授け方もしたようだが、尾高惇忠は渋沢栄一に向かって、「まず興味・関心のある本は片っ端から読みなさい」と伝えている。当時のこの地域では、それほど本を買い集めることはできなかったが、渋沢は、時々、まわってくる貸本屋で借りたり、また尾高惇忠がもっているものを借りたりして読んでいた。歴史書にも目をとおしているし、また『南総里見八犬伝《なんそうさとみはっけんでん》』▲のような小説の類も数多く読んでいる。そのなかで、いろいろ思想的な文献にも目にふれていったようである。

このときに、「興味・関心のあるもの、またいろんな考えの文献を片っ端から読みなさい」といわれたことが、のちの渋沢の成功につながる一つの誘因になっていると思われる。渋沢は、もちろんいろいろな人脈などを形成しているわけだが、もう一つ、情報を非常に多く、また幅広く集め、それを自分のなかで咀嚼《そしゃく》し、有効に理解したうえで自分の進むべき道や指針を導きだしている。だから、意外と小さな失敗はいくつもあるが、人生の分岐点においては、「ここでこの道に進むべき」ということをけっしてみあやまらずに進み、九二年の生涯を成功に導いている。その原点を探ると、この幅広い読書法にあったのではと思われる。

読書好きが高じて、江戸へでて塾へかよいたいというようになっていった。また、読書だけではなくて、親戚の伯父たちから剣術も学んでいるし、書を学んだりもしている。最初は父親も反対するが、「農閑期ならいいだろう」ということで、江戸へだし、海保漁村《かいほぎょそん》▲という漢学者の塾へかよったり、また千葉周作《ちばしゅうさく》▲が開いた千葉道場で剣術を学んだりしていた。

渋沢は、もちろんそこで学問を身に着けたいとか、剣術を学びたいという意識があったのはまちがいないが、そういう場所にくる人間との交流のなかでえられる情報を非常に重視していたと思われる。自分の考えの位置付けの確認で

▼**海保漁村**　一七九八〜一八六六年。太田錦城《おおたきんじょう》の門下の代表格から二七歳のときに「掃葉軒《そうようけん》」を開塾し、儒学者として独立した。身分の隔たりなく、広く学問を教えたことの評価は高い。晩年は、佐倉《さくら》藩の藩校や幕府医学館《いがくかん》で儒学を講義した。

▼**千葉周作**　一七九三〜一八五六年。江戸時代の剣術北辰一刀《ほくしんいっとう》流《りゅう》の創始者で、千葉道場「玄武《げんぶ》館《かん》」の総師範。一八三九（天保十）年、徳川斉昭《なりあき》に招かれて水戸《みと》藩剣術師範とされ、二年後には馬廻《うままわし》役《やく》として一〇〇石《こく》の扶持《ふち》を受けている。

もあったのである。血洗島というところは、交通の要衝の地に挟まれた場所である。中山道筋というのは、とくに思想家たちがたむろする場所で、宿場にはたえず思想家が滞留する。また、少し北のほうの血洗島周辺にも同じような考えをもつ者があり、その者の家に思想家が滞留するという情報を聞くと、渋沢はその家にいき、その思想家たちからいろんな講義を聴いたり、意見交換をしたりして、自分も思想的な影響をだんだん受けるようになっていった。当時、非常に流行していたのが攘夷《じょうい》思想で、外国からの脅威を排斥しようという動きや考えを非常に強く受けるようになっていたのである。

実は、さきほど紹介した尾高惇忠が『交易論』▲という文献を著わしていて、それを渋沢栄一は筆写している。当時は、今でいうコピーなどはない時代だから、「これはぜひ自分でもっておきたい」という貴重なものは自分で筆写して、それをたえず懐《ふところ》にいれて何度も読み返した。最後に年次が書いてあって、おそらく渋沢栄一が二一歳のときに、書き写したと思われるものである。

『交易論』の内容を読むと、当時、渋沢や師である尾高惇忠が攘夷の思想をどういうものとして考えていたのかということがわかってくる。当時は、政治に

▼**『交易論』**　尾高惇忠が著わした攘夷文献。本論のほかに付録として問答形式の「或問篇《わくもん》」と論旨を詠じている「交易論詩《こうえきろんし》」一〇首がある。外国貿易に従事する日本の商人の安易な取引状況に警鐘をならしつつ、経済的側面から攘夷論を展開させている。

対する批判から精神的に攘夷思想をとらえていた思想家たちが数多くいたが、渋沢や尾高は、むしろ自分たちが行っている経済活動から外国の脅威を排斥しなければいけないということで、経済活動のなかでの攘夷思想であった。

内容を少し読んでみよう。「西洋列強は、日本の質の高い優良な金《きん》の流出をもくろんでいるところがある。日本の商人は、むしろ西洋の劣悪な銀の流入をあえて受け入れて、その代わりに良質な金を流出させてしまっている」ということで、日本の商人に対して警鐘をならす意味で、攘夷の考えをとらえていたわけである。「欧米の諸国は、商人をだまし討ちするところから国を乗っ取ろうとしているのだ。日本にいる外国の商人たちには、今すぐ出ていってもらうべきだ。これから入ってくる者は追い返すべきだ」といっている。そういう状況をとうとうと書きつづったあとで、「それでも押し寄せてくるときは討つべし」と最後にとどめを刺している。そういう考えで攘夷をとらえていた。

また、渋沢栄一は、幼少のころのエピソードをいくつかもっている。村のなかで一、二を争う富豪なので、領主からは、ことあるごとに金銭を要求されるのである。たとえば「お姫様が御輿《おこし》入れだから五〇〇両だせ。一〇〇〇両だせ」

ということをいわれていた。あるとき、父親の名代《みょうだい》として代官所《だいかんしょ》にいき、代官に向かって、「私は、それに応じられない」と首を縦に振らなかったこともあった。

近代化をめざす人間としては、不条理に反する考え方をもっていた姿がうかがえる。ただ武士であるから、役人であるからということで威張り散らして、わけのわからない頼み事をしたり、それに対して農民や庶民が顔色をみたりするような不条理さに腹を立て、官が尊ばれ、民がさげすまれる官尊民卑《かんそんみんぴ》という考え方が根強く横たわる社会をなんとか打破したいという考えをもって、そのような社会に抵抗していくのであった。

国政への批判

江戸へでていろんな人たちと交流をするなかで、自分と同じような考えの人たちがいることがだんだんわかってきて、同じような考えの人物をつのるようになった。また、村のなかでも同じ考えの人間をつのって、一八六三(文久《ぶんきゅう》三)年に「幕政に対する批判を行動で示し、攘夷を決行しよう」ということにな

▼**尾高長七郎**　一八三六〜六八年。尾高惇忠の弟。江戸にでて老《ろう》中《じゅう》安藤信正《あんどうのぶまさ》襲撃計画に参加し、のち、京都に逃れる。号は東寧《とうねい》。

▼坂下門外の変　一八六二(文久二)年一月十五日に江戸城坂下門外にて尊皇《そんのう》攘夷派の水戸浪士《ろうし》六人が老中安藤信正を襲撃した事件。安藤は背中に軽傷をおう程度であったが、水戸浪士六人は、目的をとげることなく討死した。

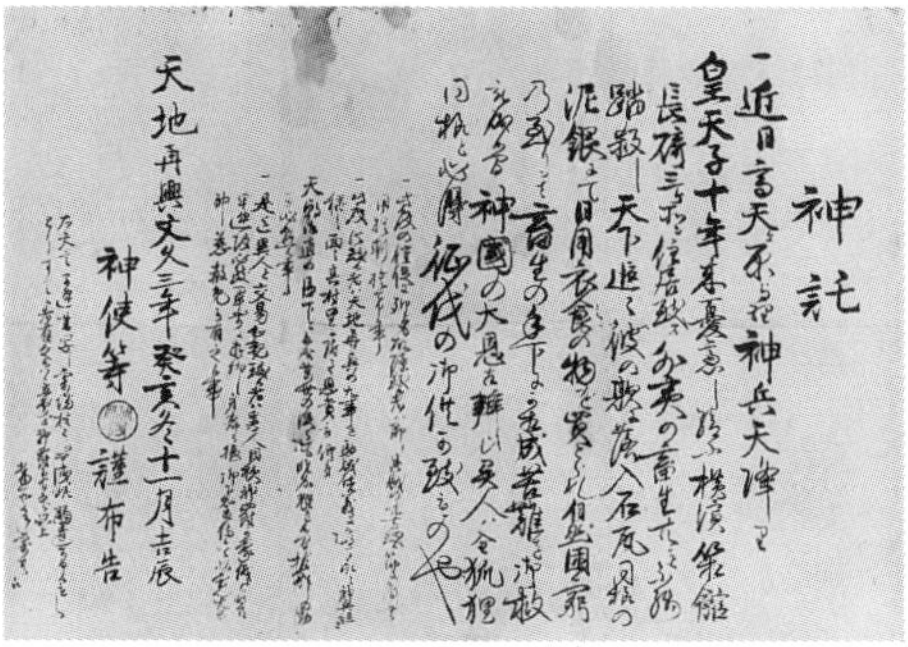

神託(一八六三〈文久三〉年)

った。まずは、高崎《たかさき》城を乗っ取り、鎌倉《かまくら》街道を南にくだると、横浜《よこはま》の外国人居《きょ》留《りゅう》地《ち》に達するので、そこで、外国人居留地を焼討ちするという暴挙を考えたわけである。その決意を近隣の村々に伝えるために、神のお告げの形を借りた「神託《しんたく》」という張札を作成したりしている。

　父親は、そういう不穏な動きで息子が活動家になっていくことを非常に悲しんでいるようでもあったが、おそらく父親のなかでも、その行動自体は理解できていて、むしろ応援する立場だったと思われる。というのは、父親が商売でえた金銭を渋沢が少しずつ引き抜いては武器などの調達をしていたことは、薄々感じていたようだが、それをずっとみのがしているのである。おそらく栄一の父親の世代では、土地に根差して生きていかなければいけないという意識が強く、渋沢のように国を動かそうという発想まではいたらなかった。ただ、国をうれえる気持ちは同じで、息子たちに少し期待をよせていたところがあるのかもしれない。

　そして、いよいよ暴挙を企てようとしていた。たまたま、その前に同じような動きをしていた尾高長七郎《ちょうしちろう》▲という従兄弟が、坂下門外《さかしたもんがい》の変《へん》▲に加わったとする嫌疑から逃れるために京都にいた。その従兄弟にも暴挙に加わってもらいたいということで、手紙を書いて呼びよせたのである。

長七郎が地元に戻ってきて、いよいよ決行しようという最後の合議を尾高惇忠宅の二階で行ったときに、長七郎が「京都は攘夷決行の中心地のようなところで、そういう機運をいくつも感じていたし、事件が起こった現場にいあわせたこともあった。しかし、幕府《ばくふ》の手によって、ことごとくつぶされていく。多少なりとも影響は残したかもしれないが、数々の暴挙を企てたことによっても、今、国の政治状態は、それほど変わっていない。これこそ無駄死にしている人たちが数多くいるということじゃないか。本当にめざすべきものはなんなのか」ということを提言した。

渋沢は、いろいろな情報をえているので、そのなかでどうすべきかということを侃々諤々《かんかんがくがく》、喧々囂々《けんけんごうごう》、仲間といろいろと議論しあった。当時、本当に若い血気盛んな仲間が集まっているから、「いや、これは絶対に決行すべきだ」ということで、いろいろ意見を戦わせたのである。

しかし、尾高・渋沢は、自分たちがやるべきことはなんなのかということを冷静に説きはじめた。「われわれは、別に小さな事件を起こすために、こういう計画を立てているのではない。たしかになにかしらの影響は残すかもしれないけれども、われわれは、この国の政治のあり方を大きく変えることをめざしているわけで、今の話を聞くと、たしかに高崎城を乗っ取って、横浜の外国人居留地を焼討ちして影響を残したとしても、それがそれほど世の中のためにならないのであれば、自分たちが生き永らえて、その体制のなかで世の中を変えていくことはできないのか」と説得し、暴挙を中止にしたのであった。

ただ、どうしても嫌疑がかかってくる。関東取締出役《かんとうとりしまりしゅつやく》▲の厳しい目があったので、そこから逃れる意味でも、まずは身を隠さなければいけないと思っていた。そして、お伊勢《いせ》参りという名目で西のほうへ逃れようとした。

▼**関東取締出役**　関八州《かんはっしゅう》において幕領・私領の区別なく巡回して治安の維持や犯罪の取締り、風俗取締りにあたった江戸幕府の役職。身分上は足軽格《あしがるかく》という下層の身分であったが、権威を振りまわしていたようである。

②—人生の転換点

体制内で変革をめざす

江戸《えど》へ遊学している際に、渋沢栄一を非常に有能な人物として認めていた人物がいた。それは徳川御三卿《とくがわごさんきょう》の一家である一橋《ひとつばし》家の用人平岡円四郎《ようにんひらおかえんしろう》▲であった。平岡は、栄一と、一緒に行動していた従兄弟の喜作《きさく》▲の両人に、家臣《かしん》になって一橋家のために仕事をしないかと勧めていた。渋沢は、武士身分になることには抵抗があったが、西へ逃れるためには、わけのわからない農民が二人で旅するよりは、一橋家の家臣という名目をもらって、武士の身分を名乗っていけば、少しでも逃れやすいのではないかということで、江戸の平岡の屋敷に立ちより、家臣の名目をもらい、西のほうへ逃れていった。一応、伊勢《いせ》参宮をしたあと、京都にたどり着くわけである。

当時、一橋家の当主は一橋慶喜《よしのぶ》▲であったが、京都にあって、御所《ごしょ》を守る禁裏《きんり》御守衛総督《ごしゅえいそうとく》という役割を担っていた。渋沢は平岡の斡旋によって当主の慶喜にあうことができ、最下層の待遇ではあったが、一橋家の家臣になったのである。

▼**平岡円四郎**　一八二二〜六四年。一橋慶喜が将軍後見職《こうけんしょく》就任時に一橋家用人となり、その後、側用人《そばようにん》兼務から家老並《かろうなみ》、諸太夫《しょだいぶ》をへて近江守《おうみのかみ》に叙任される。慶喜が公武合体《こうぶがったい》派諸侯《しょこう》の中心となったときに裏で動いているとされ、攘夷派から奸臣《かんしん》として暗殺された。

▼**渋沢喜作**　一八三八〜一九一二年。渋沢栄一の従兄弟。尊攘活動から一橋家の家臣となるまで栄一と行動をともにする。慶喜が将軍職に就くと、奥祐筆《おくゆうひつ》に任じられた。その後、彰義隊《しょうぎたい》の結成・頭取就任などをへて、最後は榎本武揚《えのもとたけあき》らと箱館《はこだて》まで帯同した。その後一時、大蔵《おおくら》省に出仕したのち、小野《おの》組《くみ》勤務をへて、生糸《きいと》貿易商・廻米《かいまい》問屋を経営し、実業家として成功をおさめた。

▼**一橋慶喜**　一八三七〜一九一三年。御三卿一橋徳川家の第九代当主として将軍後見職・禁裏御守衛総督などの要職をつとめたのち、徳川宗家《そうけ》を相続し、第十五代将軍に就いた。大政奉還や明治新政府への江戸城明渡しを行った。

武士身分、役人になることをあまりよしとしなかったが、一橋家は渋沢たちと同じような攘夷《じょうい》思想をもっていたし、幕政改革を主張する家でもあったので、渋沢の心情からしても了解できうるところであり、体制内において少し内部を変えていく非常にいいきっかけになるということで、一橋家の家臣になったようなところがあった。

京都で御所を守る役割を担うにしては、一橋家は家臣も少なくて兵力も弱いので、領内の農民のなかから兵隊を募集することになった。一橋家のなかにおいて、栄一と喜作が最初に命ぜられたのは、その募集の役割であった。備中《びっちゅう》(岡山)、播磨《はりま》(兵庫)、関東地域など各地にあった一橋家の領内をくまなく歩いて、在地での抵抗などいくつか障害にも直面したが、その農兵募集を成功させた。

栄一たちは、あたえられた任務を成功させたが、栄一がほかの役人たちと違うところは、その目的を達成すると同時に、さまざまなものに目をつけていることである。得られた情報をもとに渋沢は、いくつかの財政政策を一橋家に進言した。

▼**藩札**　江戸時代、各藩において独自に領内に発行し、流通させた紙幣。藩札には、貨幣でなく物品との兌換《だかん》を明示した預《あずかり》手形形式のものもあった。基本的には、一八七一(明治四)年に発行が禁止されている。

一つは、領内、とくに播州《ばんしゅう》で多く生産されていた木綿《もめん》の売買法についてであった。領内村々の村民が自由に大坂で商うまでに、とくに仕法《しほう》も取締りもなかった。ところが、姫路《ひめじ》のほうは藩《はん》で法を立てて、大坂や江戸に売るようになっているから、一反《たん》の値を比較すると、姫路のほうがはなはだ高く、その隣村の一橋領分になると、値も安く出来高も比較的少ない。せっかく綿もたくさんできる地方であり、人手もたくさんあって、つくればつくるだけできるのに、まだ姫路では立派に一種の物産になっているのに、一橋領内では産物ともならないのは残念である。そこで、木綿を拵える者から高く買いとって、それを大坂や江戸へ送って、売るにはなるだけ安くすれば、必ず盛んになって、領分の富を増すにちがいない。ついては、この売買のあいだに、一橋の藩札《はんさつ》▲をつくって、これを流通させ、売買の便利をはかれば、領内が経済的にもっと活性化するだろうという案をだした。

一つは、播州・摂州《せっしゅう》などからの年貢米《ねんぐまい》の売捌きの方法であった。それまで播州・摂州などから収納する年貢米を兵庫で捌くことになっていた。ところが、それは兵庫の蔵方《くらかた》に全体の取扱いや値段の取決めをすべてまかせ、代官《だいかん》の注意

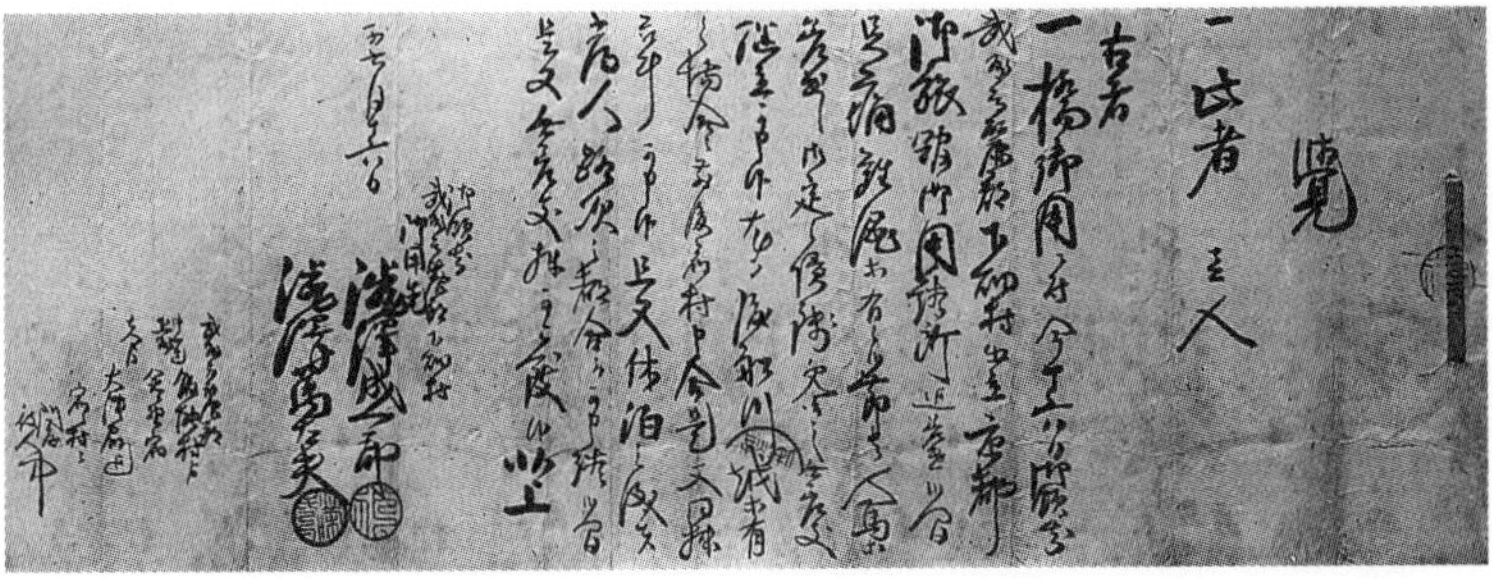

持触（1865〈慶応元〉年ヵ 7 月16日付）

徳川慶喜（禁裏御守衛総督時代）

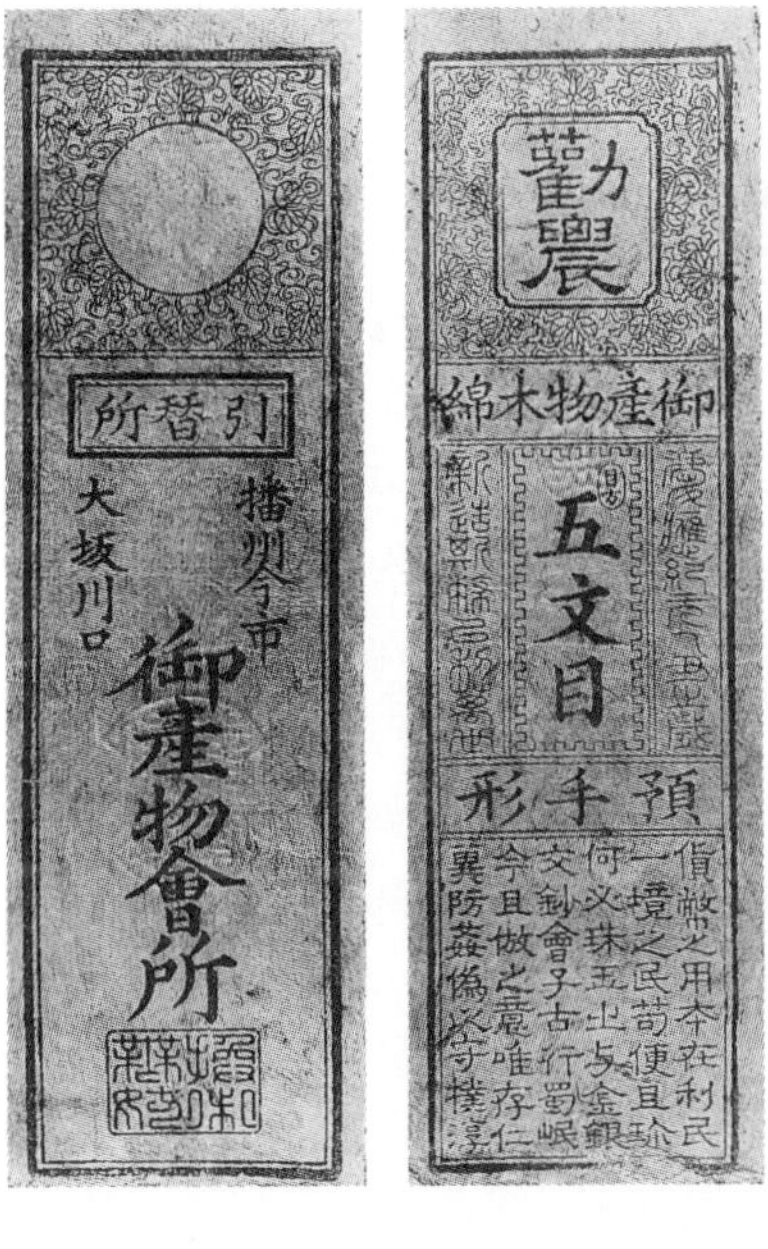

御産物木綿預手形

が届かないようになっていて、米の価格がはなはだ安くなっている。播州・摂州の米は良質でもあるし、これを領内の西宮《にしのみや》や灘《なだ》には有望な酒造家たちがいるので、年貢米として流すだけではなくて、この酒造家たちに入札払いにして、酒の元米として買わせたら、それまでの売捌方より一割以上の高値をえることはまちがいないというものであり、経済活性化がはかられるのではないかという政策を打ち立てた。

また、備中には火薬のもとになる硝石《しょうせき》が沢山とれるところがあり、一部製造して営業している者もいるが、製造所を設け、さらに奨励のために少々の元入金をだし、完全な硝石ができるようになったならば、定価で買い上げてやるといった方法で、地域の産業として位置づかせるようなことも進言している。

みずからの一つひとつの進言が実行に移されると、本当に成果が上がってくるわけである。最下層の身分として一橋家の家臣になったが、その能力の高さが非常に注目されるようになり、一気に名をあげていった。

そうこうしているうちに、当主の慶喜が十五代将軍に就任することになった。そのときは、さすがに渋沢も葛藤《かっとう》があったようである。幕府の政治自体を批判して、なんとか改正しなければいけないといっていた立場の人間ではあるが、自分の仕えている当主が将軍になってしまうことによって、自分も幕臣《ばくしん》になってしまう。さすがに、それはちょっと困ったということで、また血《ち》洗島《あらいじま》村の実家に戻って農家を継ぐことも考えていたようである。

ところが、そのとき、ちょうど慶喜のもとに、「一八六七(慶応三)年にパリで万国博覧会が開かれる。そこに日本からも出品してもらいたい。また使節団も派遣してもらいたい」とする要請があった。政情不安のなかで将軍みずからが国の外にでるわけにはいかなかったので、実弟の昭武《あきたけ》▲を名代《みょうだい》に立てて、昭武を代表とした幕府使節団を送ることになった。

渋沢は攘夷思想を唱えていたが、そのときにはすでに思想の転換がはかられていたようであった。先述のとおり、幅広い分野の書物を読書したことをのちに語っているなかに、攘夷文献がいくつもでてくるのは、当然のことだろうと思う。しかし、渋沢が残した記録にあげている文献を追っていくと、あわせて開港説の文献も当時から読んでいるのである。当時は、相反する考えの情報も、きちんと受け入れたうえで、自分はどうするべきかという考えをもっていたの

▼**徳川昭武**　一八五三〜一九一〇年。従五位下《じゅごいげ》侍従兼民部大輔《みんぶたいふ》に叙任。清水《しみず》徳川家を相続すると同時に将軍慶喜の名代として渡仏する。その後、最後の水戸藩主《はんしゅ》に就任する。明治にいたり陸軍少尉に任官し、初期陸軍戸山《とやま》学校で軍事教養を教授したりしている。

である。「これから自分たちは、その体制のなかで新しい国づくりになんとか貢献しよう」と思ったときに、やはり外国の知識・技術を導入しなければいけないという考えにもなっていたと思われる。

本来、攘夷の考えをもっている人間からすると、すぐ断わるところだが、そういう思想の転換がすでにはかられている渋沢からすると、幕府使節団への参加による渡欧は絶好のチャンスであった。そう簡単に海外にでる機会もなかったので、すぐに承諾して、使節団の一員に加わることとなった。また、幕府使節団といっても、昭武は水戸の徳川からでてくるので、水戸家からも家臣が何人か随行するし、幕臣もいる。その両家臣の衝突を中和させる絶好の人格者でもあるだろうということで、慶喜によって渋沢が選ばれ、直接任命されたのである。そして、庶務・経理係を担って、その一行に参加した。

「新社会」との出会い

渋沢は、パリ万博の使節団に加わった際のことをずっと記録につけていた。帰国して一八七一(明治四)年に杉浦譲《すぎうらゆずる》▲との共著で『航西《こうさい》日記』という日記体の

▼**杉浦譲**　一八三五〜七七年。一九歳にして甲府徽典館《こうふきてんかん》助教授となる。その後、外国奉行《ぶぎょう》支配書《かき》物《もの》出役・調役《しらべやく》、二度の渡仏をへて、外国奉行支配組頭《くみがしら》などとして活躍した。維新《いしん》後は前島密《まえじまひそか》らと郵便制度の確立につとめた。のちに初代の駅逓正《えきていのかみ》、あわせて地理権正《ごんのかみ》もつとめた。

西洋事情を紹介する全六冊本を出版している。そこには、横浜《よこはま》を出発して船でパリへいく過程、パリでいろいろな人たちと出会ったこと、また公式行事を終えたあとにヨーロッパ各地をまわった記録などをつづっている。

渋沢たちが徳川昭武を中心とする幕府使節として海外にでるのは、幕府使節団としては六回目であった。渋沢が残した記録には、一回目から五回目までの記録とはまったく違う内容の記録があらわれてくる。明治にはいってから西洋のすばらしさを世の中に紹介しようとする文献として書かれているので、多少デフォルメがあるのは否めず、いいように伝えようとするところもあったが、そこには、こういう視点ではなかなか記録化されなかったというところまで書かれている。

たとえば、船に乗っている人間が船酔いをするようすは、それまでの使節団の記録にはでてこない。船でだされる食事については、朝・昼・晩と食事をとるということまででてくる。朝食に豚肉の塩漬けがでてきたとあるのは、おそらくハムを食べたのだと思われる。当時の言葉で「ブール」と書いてあるのは「バター」のことだが、パンにバターを塗って食べている。そして、砂糖・ミル

まげを切った渋沢栄一

ちよ夫人

クをいれてコーヒーも飲んでいる。その感想としては、「口の中はすこぶるさわやかなり」といったものであった。

渋沢のそういう表現のなかからは、「これはだめ」と凝りかたまるのではなく、「新しいものを積極的に受け入れよう。なんでも自分のものにしていこう」という、なんでも取り入れられる柔軟な人間性が読みとれる。そういう人物だったからこそ、ヨーロッパでの知識などをのちの成功につなげていけたのだと思われる。

渋沢はパリにて、積極的に洋装に変えている。そして、まげを切り、その写真を血洗島村のちよ夫人に宛てて送っている。写真をみた夫人は、手紙で「なさけなき姿」といい、渋沢史料館では、渋沢がそれに言い訳をした手紙を所蔵している。口語体で書いてあるわけではないが、「『郷に入れば郷に従え』という言葉があるように、異国の文化をよく知ろうと思えば、違和感のある姿で相手に接しても無理だろう。同じような姿格好をすることによって、より多くのものが吸収できるんだ」という内容の手紙を送っているのである。これは、その土地にいったら、その土地のなかにとけこもうとし、そのなかで大きなもの

パリ万博の表彰式（1867〈慶応３〉年）

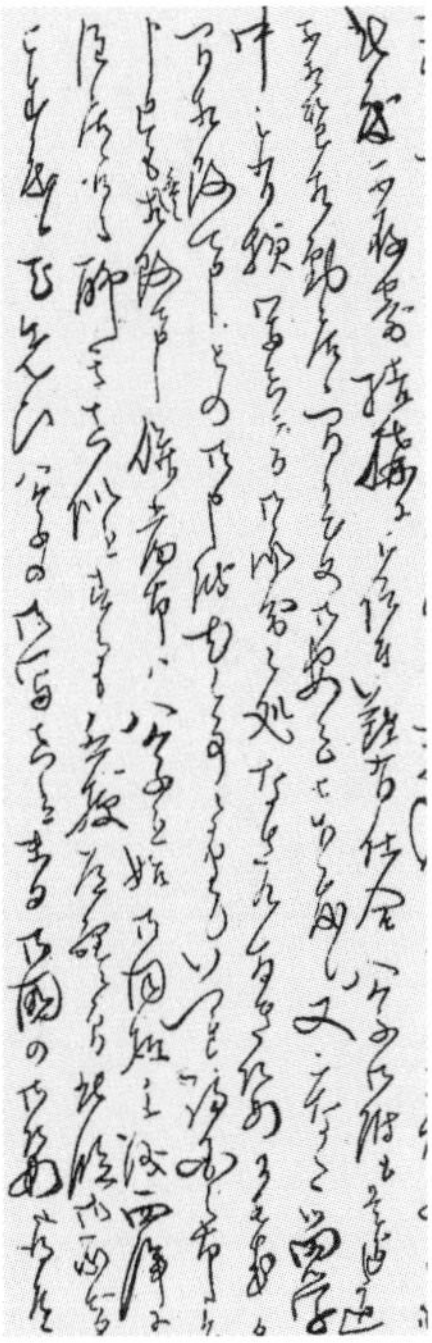

ちよ夫人宛書簡　まげを切った栄一の写真をみて，ちよが「なさけなき姿」といったことに対して言い訳をしている。

此度不存寄結構に被仰付難有仕合、公子御附も是迄之通不相替相勤居候間、是又御安意被下度候、又こなた留学中之有様、写真ニ而御承知之処、なさけなき姿に相成候間相改可申との御申越、尤之事ニ御坐候、いつれ帰国之節は申迄も無之相改可申、併当節ハ公子を始御同様之儀、西洋に住居候得者、聊其真似をするも無拠道理ニ候間、此段御承知被成度候、尤先頃公子の御写真は未タ御国の御姿ニ候得共

パリの株式取引所

▼ポール・フリューリ＝エラール　一八三六〜一九一三年。フランス外務省の御用達《ごようたし》銀行であったフリューリ＝エラールの経営者であった。渋沢が幕末渡仏したときの名誉総領事の任にあった関係で一行の世話役にあたった。銀行家として渋沢にさまざまな経済知識を教えている。

を吸収しようとする渋沢の意識、または考えが非常に伝わってくるものでもある。

　渋沢は、英語はまったく話せないが、フランス語は、行きの船のなかで少し勉強したようで、片言でも多少は話せたようである。また、庶務係と経理係というのは、渋沢にとって非常にいい職務をあたえられていたと思われる。パリへいってからは、地元のフリューリ＝エラール▲という銀行家の指導を受けて、いろいろなところを視察にいっている。もちろん銀行にもいき、株式取引所（現在の証券取引所）にもいっている。そこで経済のシステムなども、いろいろ学ばせてもらっているのである。

　それまでの幕府使節団では、幕府からあずかった資金の支出をいかに少なくして守っていくかということを考える。渋沢も同様に、たとえば、昭武が逗留するところとして最初は一流のグランドホテルにはいるが、やがて一流の高価なホテルではなく、別に部屋をさがして逗留場所を移すことなどを考えた。渋沢が違っていたのは、パリでいろいろな経済システムを学ばせてもらっていくなかで、あらたな試みに着手していることである。「留学経費は、毎月五〇〇

○ドルを幕府から送ってもらっていたが、倹約によって剰余がでたから、二万両を予備金とし、残りでフランスの公債証書と鉄道債を買っていた」とみずから語るように資産の運用を行ったことであった。日本における幕府の状態を感知していた渋沢は、送金がとだえることなども想定して資産運用に着手したりしたが、実際にみずからが体験して経済システムの吸収につとめたようなところもあった。帰国の際に、これら債権を売却し、鉄道債券が大きく値をあげたことを受けて、会社の仕組みと公債というものの仕組みをよく理解し、資本を蓄積するにはよい方法であり、日本への導入も強く思ったようである。

昭武の公式行事についてまわっているわけだが、その間、一橋家領内を歩いていたときと同じように、いろんなものに目を向けている。先述の銀行・株式取引所のほかにも近代的な設備の整った病院・老人養護施設のような社会福祉施設、それから水族館や動物園・競馬場のような娯楽施設なども視察してこれからの日本の社会にも必要だということを気にしている。地中に「火の道」なるガス管が走っていることに驚きをもち、「水の道」「町の至るところに噴水あり」と水道にも興味を示している。江戸の町にも水道は設置されていたが、生活にとけこむ形で町のなかに水道設備が整備されていることを非常に驚きをもってみている。また、オペラ座へいってオペラを観劇したようすも日記に書いている。

いろいろな分野で生活に密着するところのようすをみて、「これからの世の中では、これが必要だろう」と、柔軟な頭の持ち主であると同時に、旺盛な好奇心をもち、必要なものをみぬく洞察力に非常にたけていた人物だと感じさせる。

もう一つ、情報ツールとしての新聞についても非常に興味をもっている。日本のことに少しふれていたり、自分たちが使節団としてきていることも記事になっていたりする。こういう情報を非常に早い段階で各家なり各人がみることができるという情報の素早さにも注目している。このときに興味関心をいだいた新聞発行を実現させるために、明治初年に日本で最初の製造業として製紙業に着手した要因の一つとなったのである。

あと、いろいろなインフラストラクチャーが整備されている施設・設備もさることながら、それらがどのように運営・維持されているかについて興味を示し、探っている。パリに向かう途中で、ちょうどスエズ運河の工事に遭遇した。こういうインフラ整備されている状況や大きな工事を目にして、「これは、いったいどういうところから資金が集まってなしとげられているのか」と感じ、探っているのである。当時のヨーロッパでは、小さな資本をいくつかあわせて大きな資本にして事業するという合本主義の考え方、今でいう株式会社組織のような形態に注目し、これは日本でも用いるべきと感じている。また、社会福祉事業の維持の部分でも債権の運用益を運転資金にあてていたり、バザーなどの開催、寄付の文化にふれ、のちにみずからが社会福祉事業に従事するようになった際の基礎情報をえていたのである。

また、商売をする人の活動についても非常に注目している。日本においては、士農工商《しのうこうしょう》という身分制度のなかで商人は一番身分も低く、商業活動自体が賤しいものであり、あまりよく思われていなかったところがあった。しかし、国を発展させるためには経済活動を活発化することの重要性をそこで感じたし、経済活動をする際にはけっしてあやまった道を進まない、いわゆる道理を見失った活動をしてはいけないということまで、そのときにすでに感じていたようである。

昭武とヨーロッパをまわっているうちに感じたことが、もう一つある。ベルギーの国王が昭武に向かって、「これからは日本も近代化が進んでいくだろう。その際には鉄が必要になるだろうから、ベルギーの鉄を買ってください」といったことである。今でいうトップセールスの現場に遭遇したのである。渋沢は、それをまた非常に驚きをもって聞き、「政治家が商売に口を出している」といっている。日本においては武士が商売に対して口をだすことは、まずありえなかったので、信じられなかったのである。そして、「官と民が一体になって、国を富ませようと考えている姿は、まさに官尊民卑《かんそんみんぴ》という風潮を打破している。こういう新しい世の中にしていかなければいけない」ということをそこで強く感じたのである。

渋沢は、このようないろいろな経験をして日本へ帰ってきた。本当は、昭武が続けて四、五年留学する予定であったが、大政奉還《たいせいほうかん》▲があり、また、昭武が水戸家の家督を相続することになったことから、明治新政府からの帰国命令により、二年たらずでヨーロッパから引き上げて日本に帰ってきた。日本へ着いて、

▼**大政奉還**　江戸幕府第十五代将軍徳川慶喜が、一八六七（慶応《けいおう》三）年、政権を天皇に返上し、江戸幕府の終焉となった政治的事件。

明治政府に帰国報告をし、領収証とともに残金を清算した。当時の整理の仕方が非常に有能だったので、政府の役人も驚いたほどであった。また、先述のようにふやして返したことから、どういうことだろうという驚きをもって受け入れられたようである。

焼失前の宝台院

③—近代経済社会の基礎づくり

「合本主義」の初実践

大政奉還《たいせいほうかん》をした十五代将軍慶喜《よしのぶ》は、静岡の宝台院《ほうだいいん》という寺院で蟄居《ちっきょ》、いわゆる軟禁状態であった。渋沢栄一は、政府への報告を終えたあと、そこへいき、慶喜の弟昭武《あきたけ》と一緒に無事帰国したという報告と同時に、「このあとは、ずっと見張られている慶喜の近くで、農業・商業に従事して平穏に生活したい」といい、もう役人にもならないという気持ちでいたので、当時、静岡藩《はん》からは勘《かん》定《じょう》組頭《くみがしら》にならないかと声をかけられているが、「もう役人はいい」と断わっている。そして、血洗島《ちあらいじま》村のちよ夫人と長女歌子《うたこ》を呼びよせて、平凡な生活を送るつもりでいた。

当時の商人は、まだその地位も低く、学問のある者もいないような状態であり、少し金のある者は高利貸《こうりがし》に類したことをやり、往々にして小売商にすぎないものであった。渋沢は渡欧体験をへて、日本も今後商業・工業を起こし、商工業者の地位を高め、もって富強をはからなければならないと感じていた。

ちょうどそのときに、静岡藩は、石高拝借金《こくだかはいしゃくきん》という政府からの貸付金五三万両を受領していた。石高拝借金とは、維新《いしん》に際し金融が著しく窮迫したから、政府はおよそ五〇〇〇万両の紙幣を製造し、軍事その他の経費を支えたが、この紙幣は民間での流通が悪かったので、これを全国に流布させるため、諸藩の石高に応じて新紙幣を貸しつけたものである。年三分の利子《りし》で一三カ年賦《ねんぷ》にて償却するという方法のものであった。しかし渋沢は、それをただ藩庁《はんちょう》の政費として使い、返済方法に見込みが立っているのかに懸念をいだいた。そこで静岡藩のなかで進言するわけである。このさき、郡県政治が進むことが予想されるなかで、現状において余財を生じさせる術もみあたらず、経済的な破綻が予想される。それを防ぐためにも石高拝借金をもととして殖産興業《しょくさんこうぎょう》につとめ、運転中に生ずる利益を返納金にあてることを勧めた。具体的には「自分はヨーロッパで合本《がっぽん》組織というものをみてきた。藩でもっている資本と地元にいる商人たちの資本をあわせて、一つの商会を起こすべき」というものであった。地元の資本はもちろん多くはなかった。

そして、みずから起草書を書き、日記も残しているが、きちんとした文献・

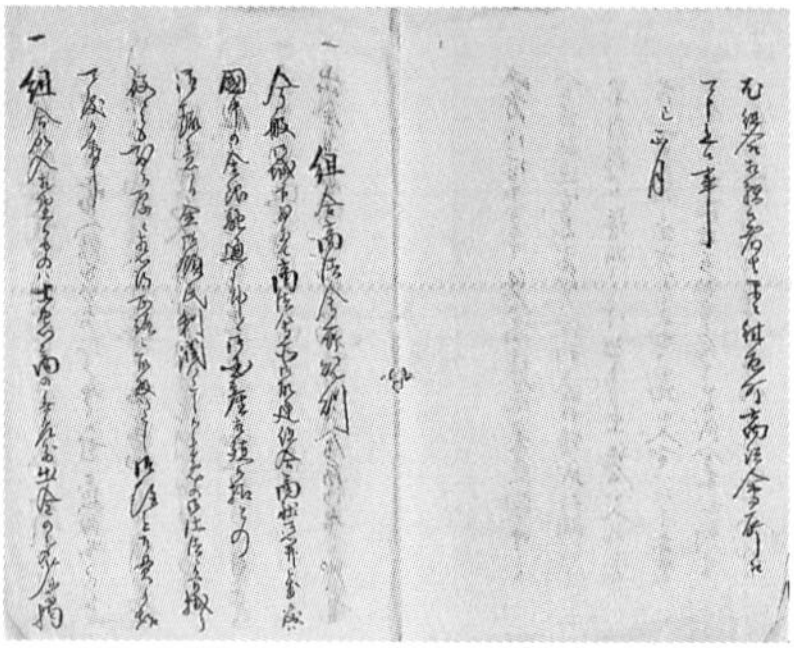
「商法会所規則」

▼**勘定組頭**　勘定奉行《ぶぎょう》の支配下で勘定所所属の役人を指揮・監督すると同時に、財政および農政を管掌する役割を担っていた。

記録が残ったものとしては、日本で最初の株式会社かといわれている「商法会《しょうほうかい》所《しょ》」を立ち上げたのである。銀行業務と商社をかねあわせた業務だったといわれているものである。

「商法会所」は、紺屋《こうや》町というところに事務所を設け、全体の取締りは、勘定▲組頭が担い、渋沢は、「頭取」という名をもって事業運転上の主任となった。勘定所の役人数人を各部の係員とし、これに用達《ようたし》幾人かをつけて業務をとった。この用達に地域のおもだった商人一二人を命じて、月番《つきばん》にて勤務させた。

業務内容は、商品抵当の貸付け、または定期当座預金、あるいは地方農業奨励として、京阪その他において米穀肥料などを買い入れ、これを静岡その他の市場に売却する。または、地元の村々へ貸与するなど、銀行と商社をかねあわせたようなものであった。当時、静岡には移住民が多く、米などの需要が多かったから、大阪その他で安く仕入れて彼らに供給し、あるいは、移民に行《ぎょう》をあたえ、製茶・養蚕《ようさん》などを発達させるために多くの資金を貸与した。

「商法会所」の事業は有利に進行し、応分の利益をおさめるまでになった。また、市内でも預金する者などが追々増加し、人びとはその便利さを感じるようになり、当初の目的に達するように成長した。

開業したのは、一八六九(明治二)年二月であったが、五月には、藩庁から、「商法会所」として藩の資本で商業するのは、朝旨《ちょうし》におとるからということで、事業はともかく、名称の変更を求められ「常平倉《じょうへいそう》」とした。

渋沢にとって「商法会所」は、地元の商況を一変させておおいに経済発展を助ける目的のものであったが、静岡藩でその端緒を開いたら、自然と各地に伝播し、日本全体の商業を一新せしむる一端とする強い思いをこめたものであった。

帰国して数カ月で、これが形になるというすばらしさは、体験・実践をとおして経済のシステムを学んだ渋沢だからこそできたのであろう。ただ、当時のヨーロッパでみてきたスタイルが静岡商法会所とどこが違うのかということは、記録資料が少ないので、なかなか追いきれていないが、渋沢がどうフィルターをとおして、日本にフィットする形で作り上げているのかといったところは、今後まだ追求していく必要がある。

大隈重信

▼**郷純造**　一八二五〜一九一〇年。明治新政府に理財の才能を買われ、会計局与頭《くみがしら》として出仕。大蔵少丞《しょうじょう》、大蔵大丞《だいじょう》。負債取調掛、国債頭《かみ》、国債局長、大蔵少輔心得《こころえ》、大蔵少輔兼主税局長、大蔵次官を歴任した。渋沢など旧幕臣《ばくしん》の登用を進言した功績は大きい。

▼**大隈重信**　一八三八〜一九二二年。維新《いしん》後、外国事務局判事などをへて、参議《さんぎ》となる。大蔵省事務総裁、ついで大蔵卿《きょう》に就任し、財政の責任者として務めを果たしたが、明治十四(一八八一)年の政

官によるあらたな国づくり——知識集団「改正掛」

明治新政府としては、渋沢の帰国してからのきちんと整備された報告と、すぐさまなしとげた商法会所での事績を放っておくわけにはいかなくて、渋沢自身は、役人になる気持ちはもうなかったのであるが、出仕命令をくだしたのである。一八六九(明治二)年十一月、民部省租税正《そぜいのかみ》、いわゆる主税局長のような役割を担うようになった。とくに政府内に知己《ちき》もいなかったなかで、渋沢を推薦したのは、郷純造《ごうじゅんぞう》▲なる人物であった。渋沢の情報をえた郷が、一面識もない渋沢を強く推したということは、よほど期待をよせていたと思われる。

ただ、渋沢は、すぐにでも辞意を表明するつもりであった。その本意でない渋沢栄一を官途に導いた人物は大隈重信《おおくましげのぶ》▲であった。

最初に二人が出会うのは、一八六九年十一月十八日、租税正に任命された渋沢が、辞任の意を告げに築地《つきじ》の大隈邸を訪れたときである。一晩中話し合ったとのことだが、渋沢は、「当時の政府・大蔵《おおくら》省が草創期にて一向に規律も立たず、新しい制度も設けられないなかで、自分もなにをしてよいのかわからず、とくに民間の事業を日本にも起こしたいと思い、一〇カ月ばかり静岡に経営し

変で失脚。その後、立憲改進党《りっけんかいしんとう》の結党、東京専門学校の創立、外相として条約改正に関与する。憲政《けんせい》党《とう》を組織、首相に就任したあと、一度政界を引退したが、のち復帰、ふたたび首相となる。

富岡製糸場

たそのときに大蔵省の役人を命ぜられたが、むしろ静岡のほうにて経営したほうがよかろう。ことに私の微力では、政界・官界には役に立たないから実業界にはいろうという強い決心を定めた」という意志を告げ、さらに、徳川慶喜が蟄居的謹慎状態にあるのに、政府に出仕して出世でもすると、その主人に対して心苦しい旨を伝えた。

　大隈は、「君のいうこととは無理なこととは思わぬが、得心がいかない。租税のことについてなにも知らぬというが、今の大蔵省にいる者がおのれの職務をよく知っている者がいると思うのか、大隈が大蔵省の事務を完全に知っているというならば、お前はよほどの馬鹿である。あらたに政府をつくり、財政をやっていくのであるから、万事知らぬが当り前なのである。大蔵省はこれより先、経済の基礎をつくるのであるから、お前がその考えがあれば、しばらく辛抱するのが当然である。慶喜公に対する人情はそうあらねばならぬが、しかし、君は従来の家来《けらい》ではないし、王政《おうせい》の復古《ふっこ》されたことを慶喜公もそれで満足したではないか、これからは位置こそかわれ、喜ぶべきである。そのとき、朝廷《ちょうてい》に立つは恥ずべきことではない。ゆえに君のいうことが国家の不利益であり、君の不利益であろう。その不利益のことを知ったならば私に従うべきじゃないか。知らぬ同士が集まり、仕事をやっていくのだから、大きくいえば高天原《たかまがはら》に八百《やお》万《よろず》の神が集うのと同じようである」と、大隈流の大風呂敷の説に説得されたのである。渋沢は、役人になることではなく、新しい国づくりに参画できるところに目的をもち、それを受け入れた。ただ、一説によると、渋沢は、みずからが政府に残る条件として「改正掛《がかり》」という調査・研究から政策立案にあたる組織の設置を大隈に承諾させたともいわれている。

おもに税関係の仕事をしていたが、それと同時に「改正掛」の掛長に任命された渋沢は、当時の新知識をもちえた人びとを集めて、各般の事業にあたった。大隈との関わりでは、租税の改正を含む財政政策、鉄道の敷設とりわけ外国からの借金問題、近代的銀行制度の立ち上げ、富岡製糸場《とみおかせいしじょう》▲の設置を含めた養《よう》蚕《さん》・製糸業の改善計画などに着手し、大隈が大蔵省を離れたあとも重要案件の調査・研究、政策立案が「改正掛」のなかで進められた。

この改正掛は、設けられていた期間が二年たらずと非常に短いが、その間になされた仕事の量は、すさまじいものがあった。渋沢は、まず度量衡《どりょうこう》の単位

▼富岡製糸場　明治政府が輸出品として大きな利益が期待できた絹《きぬ》・生糸《きいと》製品の質・量を高め、殖産興業推進のために富岡に設置した日本初の機械製糸工場。フランスから機器などを輸入すると同時にお雇い外国人ポール＝ブリューナーが技術指導にあたった。労働環境も充実していたが、大規模すぎて十分な機能が発揮できず、一八九三(明治二十六)年、三井家に払いさげられた。

▼前島密　一八三五〜一九一九年。日本の官僚・政治家であり、日本の近代郵便制度の創設者の一人である。その他、陸運元《りくうんもと》会社(現、日本通運)、『郵便報知《ほうち》新聞』(現、『スポーツ報知』)発起人、東京専門学校(現、早稲田《わせだ》大学)校長、北越《ほくえつ》鉄道(現、JR東日本)社長などを歴任する。

▼ナショナルバンク・アクト　一八七〇年ごろのアメリカにおける銀行制度。国から営業資格をえ

を統一するところから手を着けている。また、前近代では飛脚便《ひきゃくびん》が情報伝達の手段であったが、一定の料金ではないし、届くか届かないかもわからないので、近代的な郵便制度の確立に動いている。そして、静岡時代に一緒に仕事をしていた人間で、こういうことについて詳しい前島密《まえじまひそか》▲を呼びよせている。

改正掛は、たえず十二、三人で事にあたっていたといわれているが、固定したメンバーではなく、プロジェクトごとにその道のエキスパートを呼び入れて、いくつかの事業を実行していくわけである。

貨幣制度では、金一両《りょう》とか銀何匁《もんめ》ということで不統一だった単位を円・銭《せん》・厘《りん》という統一単位で整えた。銀行制度では、アメリカのナショナルバンク・アクト▲を導入することを考え、「国立《こくりつ》銀行条例▲」制定まで導いた。そのほかに、鉄道の敷設、太陰暦《たいいんれき》を太陽暦《たいようれき》にかえたりもし、そして、民部《みんぶ》省だけでなく、その当時の各省庁にはどういう役割の部・課が必要なのかを全部考え、それぞれがどういう事務内容をとるかという事務章程までまとめている。

貿易関税の問題とか、『立会略則《りゅうかいりゃくそく》』『会社弁《かいしゃべん》▲』といった株式会社普及に向けたマニュアルの類の発刊なども行っている（四七ページ写真参照）。今のわれわれの

た「ナショナルバンク」が連邦政府から購入した国債額の範囲内で、自由に紙幣が発行できる制度。州政府でなく、連邦政府が営業資格をあたえていたので、「ナショナルバンク」と称した。

▼国立銀行条例　明治政府が産業振興の側面からと、政府が発行した多額の国債および金貨と交換できない不換紙幣の整理などのために、近代的な金融機関の必要性を感じ、伊藤博文のアメリカでの調査をもとに建議され、一八七二（明治五）年に制定された法律。

▼『立会略則』『会社弁』　『立会略則』は、渋沢栄一みずからが会社設立の手段・方法を説明した書籍で、『会社弁』は、福地源一郎《ふくちげんいちろう》がフランシス＝ウェイランドの著わした経済書綱目中の会社篇などを翻訳し、株式会社を説明した書籍。それぞれ渋沢が大蔵省在職中の一八七一（明治四）年に裁可され、同省から刊行された。

生活の本当にベースになっているところ、インフラ整備がほとんどなしとげられたのである。形になるのは数年あとになることもあったが、そのときに着手して動き出していることが大半である。こうして明治新政府時代に、これからの社会の一定の基盤づくりがなしとげられたのである。

国家財政のあり方について、当時、富国強兵《ふこくきょうへい》を主張する大久保利通《おおくぼとしみち》▲辺りからは、歳出の面で軍備拡張を非常に強く要求された。しかし、渋沢は、「たしかに、国を強くするためには軍備も必要かもしれないけれども、一番強くする基いは、経済をしっかり整備することだ。国家の予算のあり方についても、歳出だけをやたら拡大させるのではなく、歳入と歳出のバランスをきっちりみて考えていかないことには、国は成り立っていかないんだ」と主張した。意見が相分かれ、結局は辞表をたたきつけて、上司の井上馨《いのうえかおる》▲とともに大蔵省をやめる。一八七三(明治六)年以降は、官の役人になることも一切なく、民間の立場で新しい国づくりのために貢献していこうとするのである。

▼**大久保利通**　一八三〇〜七八年。版籍奉還《はんせきほうかん》や廃藩置県《はいはんちけん》を推進し、維新政府の基礎を固めた。参議、大蔵卿をへて、特命全権副使《とくめいぜんけんふくし》として岩倉使節団《いわくらしせつだん》に随行。帰国後、征韓派《せいかんは》参議を下野《げや》させたり、参議兼内務卿《ないむきょう》となり、地租改正《ちそかいせい》など重要施策を実行した。

▼**井上馨**　一八三六〜一九一五年。維新後、参与《さんよ》、大蔵大輔《たいふ》、参議兼工部卿《こうぶきょう》、外務卿などを歴任。一八七六(明治九)年、特命全権大使《たいし》として日朝修好条規《にっちょうしゅうこうじょうき》の締結に関与する。三井はじめ実業家との関係も深かった。外相として欧化政策を展開し、不平等条約改正に尽力する。その後、農商務相、内《ない》相、蔵相を歴任し、引退後も元老《げんろう》として勢力を誇った。

民間でのインフラ整備——経済・産業面から

いよいよ民間の立場になり、経済界にはいることになる。最初に手がけるのが第一国立銀行であった。最初は、三井《みつい》という江戸《えど》時代からの為替座《かわせざ》が「近代的な銀行をつくりたい」といっていたが、渋沢は独占させるのではなく、当時の小野《おの》組▲と島田《しまだ》組という、ほかの企業の資本をあわせた第一国立銀行としてやっていくこととした。これも合本主義である。これは、改正掛が、伊藤博文《いとうひろぶみ》▲がアメリカにて調査したナショナルバンク・アクトをもとにまとめた「国立銀行条例」によって大蔵省の指導のもとに成り立った銀行である。渋沢は官をやめたあと、同銀行の総監役に、のちに頭取となって、その銀行を中心にいろいろな経済活動につとめていった。

しかし、その経営は、けっして容易なものではなかったのである。銀行自体が世にほとんど知られていないなかで、出資者をつのると同時に、設立直後にパートナーであった小野組が破綻し、危機的状況に陥るが、渋沢は再建案を立て、出資者・支援者への必死の説得により最終的に約二万円弱の最小限度の損失でなんとかこれを切りぬけることができた。

▼小野組　屋号は井筒屋《いづつや》。近江《おうみ》出身で各種物産を扱う問屋として発展した。京都が本拠だが、幕府為替御用《ごよう》をつとめ江戸へも進出した。明治新政府の確立に寄与し、三井・島田両組とともに為替方御《ご》三家《さんけ》となり、第一国立銀行設立にも参加した。製糸事業にも進出したが、政府が為替方の担保制度を強化し、官金《かんきん》の回収を実施したことにより、窮地に陥り、島田組とともに破綻した。

▼伊藤博文　一八四一〜一九〇九年。明治政府にあって、帝国憲法の制定に尽力した。内閣制度を創始し、初代首相に就任。枢密院《すうみついん》議長・立憲政友会《りっけんせいゆうかい》総裁などを歴任。首相は四度つとめる。初代の韓国統監《とうかん》。ハルビン駅頭で独立運動家安重根《あんじゅうこん》に暗殺された。

製紙会社

また、これからは株式会社という組織で会社経営をなしていくべきだということで、株式会社組織を普及させながら、世の中に必要な企業を立ち上げ、いろいろな分野のものについて片っ端から支援し、晩年には、その指導にあたっていくのである。

最盛期には、一時期にだいたい二〇から三〇の会社の役員をつとめていた。毎日、役員会にでていても間にあわない感じだが、ただ名前だけではなく、本当に実践していたというので、それが限界だと思われる。

銀行を出発点にして、最初に手がけるのは製紙業である。日本最初の本格的製造業となる抄紙《しょうし》会社（現、王子《おうじ》製紙）は、紙幣・債券の製造に加え、情報ツールとして必要性を強く感じていた新聞・雑誌の発行のために、一八七四（明治七）年、渋沢自身の発意で設立された。資本金は五〇万円で、外人技術者を高給で雇い、機械はすべて輸入し、一八七五（明治八）年、王子に工場が完成した。ところが技術上の問題を克服できず、いくら努力しても商品として売れるような紙ができず、渋沢は苦境に立たされる。初年度の決算では四万円の損失を計上し、その後も毎年欠損が続いた。

第一国立銀行

第一国立銀行の頭取室

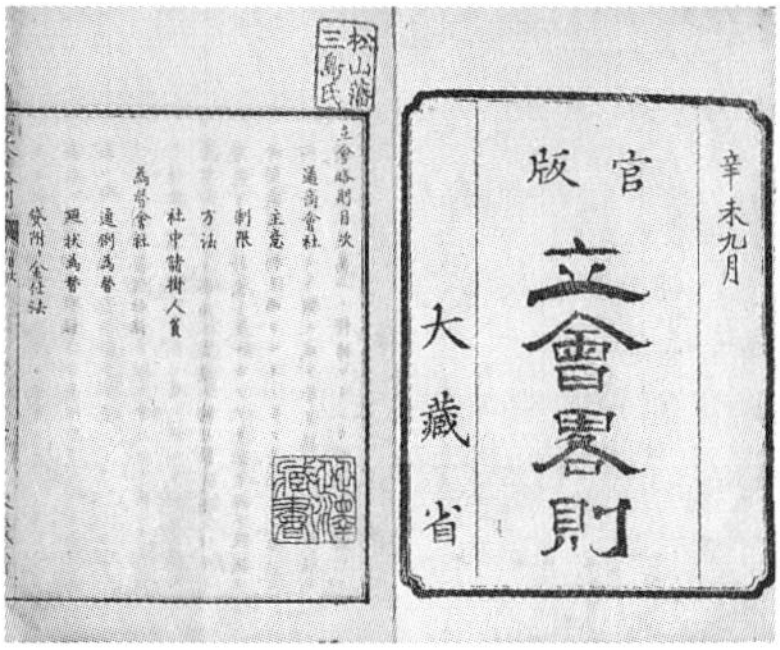
辛未九月
官版
立會略則
大蔵省

立會略則目次
通商會社
主意
制限
方法
社中諸掛人員
為替會社
通例為替
廻状為替
貸附ノ金仕法

『立会略則』

数年後に、大川平三郎《おおかわへいざぶろう》▲を渡米させ、技術を習得して帰国した大川の指導によって、ようやく利益がでるまでになった。その月日は一〇年もかかっている。その間の出資者への説明には、さすがの渋沢も進退きわまったといわれている。しかし株主たちは、渋沢の誠実さと目的意識の正しさを信じ、長期の無配にたえたうえ、損失補塡のための増資にも応じ続けた。そして新技術を基盤としてようやく営業が可能となり、やがて王子製紙は日本を代表する会社に成長していったのである。

それから、大阪紡績《ぼうせき》（現、東洋紡《とうようぼう》）のような紡績関係もなかなか軌道に乗らなかった。山辺丈夫《やまのべたけお》▲をイギリスにて技術を学ばせ、抄紙会社同様の状況であったのを、同人の技術指導によって事業を軌道に乗せることができたのである。軌道に乗ると、利益がでてくることによって配当もでてくるようになり、株主もだんだんふえていき、そして、株式会社に対する信用度が増していくことになり、明治二十〜三十年代に株式会社が開花期を迎えることとなる。

このような活動から民間の力が発揮され、渋沢の思いがだんだん広がっていくようになった。一業種だけに限らず、海運・陸運・保険からエネルギー産業

▼大川平三郎　一八六〇〜一九三六年。明治から昭和初期の実業家。渋沢栄一が設立した抄紙会社（現、王子製紙）に入社し、技師から専務にまでなった。その後独立し、九州製紙、樺太《からふと》工業などを設立し、事業を拡大させた。「日本の製紙王」と呼ばれる。

▼山辺丈夫　一八五一〜一九二〇年。ロンドン留学中に渋沢栄一の要請を受けて紡績技術を習得するために、機械工学の勉強を開始し、紡績工場での実習もした。帰国したのち、動力の調査、機械の選定と購入、技術者の指導など新紡績会社設立に尽力した。大阪紡績会社創立の翌年、工務支配人に就任。その後、社長に就任した。大日本紡績連合会委員長、大阪商業会議所特別委員も歴任した。

大阪紡績会社

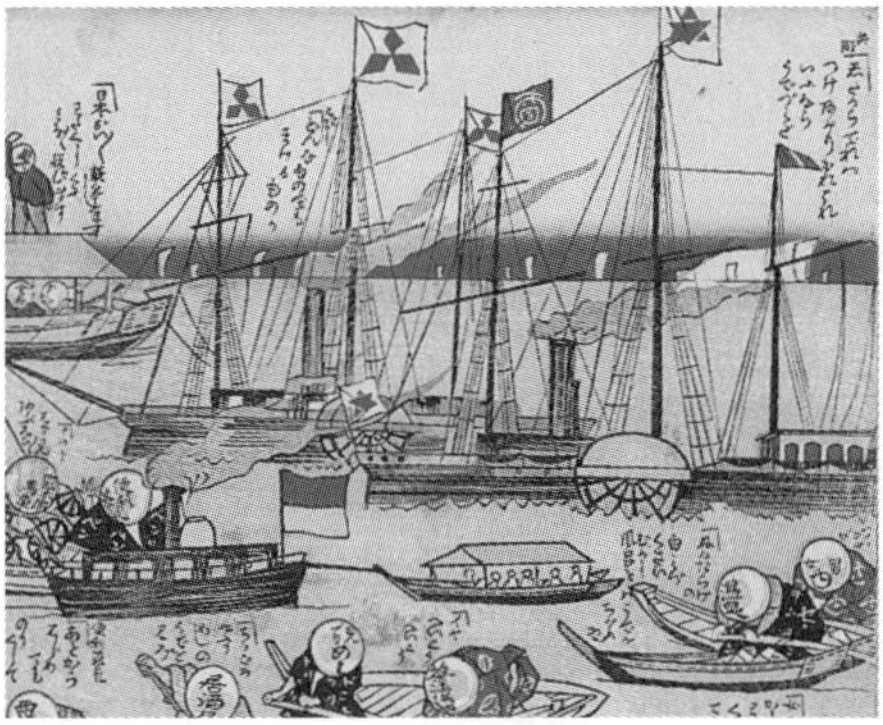

三菱汽船会社と共同運輸会社の競争

東京商業会議所

岩崎弥太郎

▼岩崎弥太郎　一八三四〜八五年。三菱財閥《ざいばつ》の創設者。土佐《とさ》藩の事業を引き継ぎ、九十九《つくも》商会を興こし、のちに社名を三菱商会、郵便汽船三菱会社と改称した。台湾出兵や西南《せいなん》戦争の輸送業務を独占した。海運業の独占を批判し創立された共同運輸と激しい競争が続いたが、競争途中にして病死し、事業は弟弥之助《やのすけ》、長男久弥《ひさや》に継承された。

からホテル業などのサービス業にいたるまで手を着けていき、生涯かかわった企業の数が約五〇〇社を数えるということからも、これから国が必要とする業種については、どんどん協力して指導していったことがうかがえ、企業の利益追求の前に社会事業の位置付けで、経済基盤の整備ということに主眼がおかれていたようである。

　渋沢栄一とよく対比して紹介される実業家の一人に岩崎弥太郎《いわさきやたろう》▲がいる。渋沢が「余は岩崎弥太郎とは、昵懇《じっこん》なりしも、それは私交上のみ、主義の上には意見の背馳《はいち》するところ多かりき」というように、それぞれの実業界における主義・主張の違いが取りざたされるのである。渋沢は、商工業は合本組織によって広く資本を公募し、これを集めて事業を行うことが公益になると確信し、つねにこの主義によって商工業者を指導し、みずからもこれによって事業を創始・経営したのに対し、岩崎は、個人組織による専制《せんせい》主義を主張した。渋沢に二人でやれば日本の実業のことはなにごとでもできると共同経営を申し込んできたともいわれ、渋沢が語る次のようなエピソードがある。

　あるとき、岩崎が渋沢を向島《むこうじま》の料亭柏屋《かしわや》に招き、芸者も十四、五人呼んで宴席を設けた。その席で岩崎は、個人経営の利益を述べ、合本組織なるものが事業を発展させるものではないことを説いて、渋沢に同意させようとしたが、渋沢は、資本を合同して事をなすことが、国利民福を進める所以《ゆえん》であることをいくつかの例をあげて激しく批難した。おたがい屈せず、果ては結末がつかないので、渋沢が芸者をつれて引き上げた、というものである。ただ、渋沢がいうのには、険悪になったのではなく、双方考えが違い、それぞれ得意とするところでやろうという程度であったようである。

その主義の違いが顕著な形であらわれたのが、岩崎の強引な手法による、三《みつ》菱《びし》汽船会社(のち郵便汽船三菱会社)の海運市場独占に対抗して、渋沢らが設立した共同運輸会社による両社の熾烈な競争であった。ただ一方で、日本初の損害保険会社である東京海上保険会社の設立のように時として協力しあうこともしている。

ともに、企業の発展を想い、おたがい認めあってはいるが、企業活動を進めていくうえで、あいいれられないものがあった。あくまでも独占をきらい、合本主義を貫こうとした渋沢にとっては、岩崎弥太郎との対峙によって、実業界におけるみずからの信念をより強く意識するようになったのではと思われる。

また、渋沢は個別の企業だけを考えていたのではなかった。民の力を結集する場所として、また企業間の意見交換の場としては、現在の商工会議所や銀行協会、株式会社としての企業普及をはかるためには株式取引所といったものもあわせて設立に導いている。

企業の設立・育成によって日本の実業界発展に尽力した渋沢栄一であったが、いまだ旧来の商業・実業を蔑視する弊習が残る当時の状況に憤りをもいだいていた。

そのようなときに、大隈重信から「日本にも、商人が集会して、いろいろ商売のことを相談してやっていくような機関をつくってみたらどうか」との相談があった。実業家の地位の向上ということでは、絶好の機会として調整をはかった結果、政府から年に一〇〇〇円の補助を受けて、東京商工会議所の原型東京商法会議所ができるにいたった。一八七八(明治十一)年のことである。

大隈が、商法会議所の設立をうながした理由には、殖産興業からの必要性と同時に、幕末《ばくまつ》に諸外国と結んだ不平等条約▲の改正を促進するための商工業者の

▼**不平等条約**　ある国家が他の国家に、自国民などに対する権力作用を認めない条約をいう。日本も幕末、日米修好通商条約《にちべいしゅうこうつうしょうじょうやく》とほぼ同じ内容の条約が、五カ国とのあいだに結ばれたが、治外法権《ちがいほうけん》と関税自主権《かんぜいじしゅけん》の欠如が日本に不利な不平等条約だった。

▼ハリー＝パークス　一八二八～八五年。上海《シャンハイ》ほか各地の領事を歴任後、駐日特命全権公使《こうし》兼総領事に任命された。薩長《さっちょう》雄藩に接近し、天皇を頂点とし、雄藩を中心とする統一政権の樹立と、変革の平和的実現に向けて対日政策を強力に推進し、維新期の政局に大きな影響をあたえた。

世論形成機関としての位置付けもあった。条約改正にあたって、日本側がイギリス公使パークス▲に交渉して「世論が許さないから改正されたい」といったところ、「日本に世論があるか、日本には多数の集合協議する仕組みがないではないか、個々銘々の違った申し出では世論ではない」と反駁《はんばく》された。そこで、条約改正に世論が必要であり、世論をつくる場所を形式的につくろうとし、商法会議所の創設となったのである。

新政府は、民間商工業者の協力なくして産業の発達をなしうるものではなく、商工業者の代表団体を設置すべしという思いから、有力な商工業者を誘導し、その設立をはかるにいたったといわれる。ただ、商工業者自身もまた、政府ならびに外国と対抗・協調しつつ、商工業の健全なる発達を期するためには、みずからの世論を反映すべき代表機関の必要を痛感していた。このように商工業者自身の下からの要望も、商法会議所設立の一要因だったのである。

東京商法会議所が設立されたのに続き、同じ年に大阪・兵庫、翌年には横浜・福岡・長崎・熊本などと続き、一八八一(明治十四)年までに全国三四カ所に商法会議所が設立され、地域ごとに民意の結集、そして実業の発展がはかられるようになった。

渋沢といえば「論語《ろんご》と算盤《そろばん》説」「道徳《どうとく》経済合一《ごういつ》説」と、必ずといっていいほど、続けて口をついてでてくるこの説は、渋沢が明治末期より盛んにいうようになり、世に強く訴えた彼の中心思想ともいうべきものである。どのような考えだったのであろうか。

力説する要点は次の二点で、一つは、道理《どうり》のともなう富の追求である。著書『論語と算盤』に「富をなす根源は何かといえば、仁義《じんぎ》道徳。正しい道理の富でなければ、その富は完全に永続することができぬ。ここにおいて論語と算盤という懸け離れたものを一致せしめることが、今日の緊要の務め……」と示し、録音盤として頒布された肉声で伝える「道徳経済合一説」で「仁義道徳と生産殖利とは、元来ともに進むべきものであります」「孔子《こうし》は、義に反した利は、これを戒めておりますが、義に合した利は、これを道徳にかなうものとしておることは、富貴をいやしむる言葉は、みな不義の場合に限っておるにみても、明らかであります」と伝えるように、義を重んじれば、利益追求はよくないことという考えが蔓延していたなかで、渋沢は、利益追求はけっしてまちがったものでなく、むしろ積極的に行うべきだが、その場合、道理・道徳をともなわなければならないとする考えである。

もう一つは、公益を第一に考える点である。『論語と算盤』の「個人の富は、すなわち国家の富である。個人が富まんと欲するに非ずして、如何《いか》でか国家の富を得べき、国家を富まし自己も栄達せんと欲すればこそ、人々が、日夜勉励するのである」という記述などからも理解できるように、一個人が富んで、その国は富まないが、社会全般を富ますことによって、個人も富むという発想から公益の追求を第一とする考えである。

渋沢は、「道徳経済合一説」の締めくくりに、「他日、世の中に普及して、社会をしてここに（道徳と経済が……筆者補筆）帰一せしむるようになるであろう、と行末を期待するものであります」と述べている。

④——社会事業家としての側面

日本の国際化と平和を推進

　渋沢は古稀(七〇歳)を迎えて、そこで大半の企業の役員を一気にリタイアしてしまう。一九一六(大正五)年までは、銀行を中心とした金融関係、文化事業につながる企業では一部役員として残っているけれども、そこで一気にやめている。では、後半生は悠々自適の生活を送ったのかというと、そういうわけではなかった。リタイアしてからの晩年にいたっても、いろんな相談ごとには乗っていたし、役員としての肩書はなくなっているが、指導的な役割は、ずっと続いていた。

　また、明治の後半ぐらいから、日米関係がぎくしゃくしはじめ、まずは日米両国の関係改善につとめるようになる。

　明治以降、アメリカの西海岸に日本からの移民がどんどんでていったが、安い賃金で働かせていたその移民を排斥しようという排日運動が起こってきたのである。これが大きな要因の一つとして、日米の対立が深刻化していったので

▼**小村寿太郎**　一八五五〜一九一一年。文部省第一回留学生としてハーバード大学に入学。帰国後、司法《しほう》省に出仕し、大審院《だいしんいん》判事をへて外務省翻訳局長となる。日清《にっしん》戦

あるが、政府間レベルでの交渉だけでは、事はなかなかうまく進まなかった。

　そのようなときに、渋沢栄一ら民間の人間に対して外務大臣小村寿太郎《こむらじゅたろう》▲は「関係の改善に向けて民間からの援助をしてもらいたい」とする要請を発した。渋沢は、その言葉自体に非常に重きをおいた。官だけで国が動くのではなくて、これからは民間の人間に対しても、こうして声がかけられてくるし、民の必要性が認められてきているというその意義を強く感じ、アメリカとの関係改善に努力したのであった。

　渋沢にとって当時のアメリカという国は、国力が急速に発展した状況などからして、みずからが思い描いていた理想的な国だったように思われる。渋沢は前後四回渡米しているが、最初に訪米したのは一九〇二(明治三十五)年であった。日米間の相互理解と親善を促進し、通商を緊密化することを目的とした東京商法会議所の使節としてであり、いく人かの実業家にあったほか、セオドア＝ルーズベルト▲大統領に謁見《えっけん》する機会もえている。はじめてアメリカを訪れた渋沢は、同国の豊富な資源と農・工業などの産業の規模の大きさに圧倒されたようであった。

争では政務局長。第一次桂《かつら》内閣の外相として、日英同盟《にちえいどうめい》に調印。日露《にちろ》戦争後のポーツマス会議に全権として出席し、日露講和《こうわ》条約を締結した。

▼セオドア＝ルーズベルト　一八五八〜一九一九年。第二十五・二十六代アメリカ合衆国大統領として国力をおおいに誇示した。政治家としてだけでなく、軍人・作家などでも名声を博した。日露戦争の停戦を仲介した功績により、ノーベル平和賞を受賞している。

小村寿太郎

二回目は、一九〇八(明治四十一)年にアメリカの実業家たちが来日した際に交流をもったその返礼という意味ではないが、一九〇九年に日本の六大都市(東京・横浜・名古屋・京都・大阪・神戸)の商業会議所の会頭、若手の経営者、技術者にジャーナリストほか随行員五一人からなる渡米実業団の団長としてアメリカに渡っている。

大陸横断鉄道で百万ドル列車▲を仕立ててもらい、西海岸から東海岸、そしてまた西海岸へ戻るというように三カ月かけて約六〇都市を転々とした。タフト▲大統領にも謁見しているし、各地の実業家とも交流し、日米関係の悪化をなんとか解消できるように交渉したのである。

ニューアークを訪れた際には、エジソンの電気工場を訪問し、エジソンとも交流をもっている。そのあと、誕生日のプレゼントを贈って、そのお礼の手紙がエジソンから渋沢に宛てて送られているのである。

また一九一五(大正四)年に三回目の訪米をし、四回目は二一(同十)年、八二歳にして渋沢栄一は、ワシントン会議▲を促進する非公式代表としてアメリカに渡ったのである。国際協調を願う世界中の人たちから渋沢は、非公式ながらも

▼**百万ドル列車**　渡米実業団一行が三カ月かけてアメリカ国内を旅行するにあたりアメリカ企業によって新調・提供された列車。先頭の機関車・荷物車・食堂車・寝台車の合計一二両からなり、寝台車は一〇室に分かれ、一室二人寝台でき、洗面所・便所も備えつけられていた。最後尾は展望車となっていた。

▼**ウィリアム＝タフト**　一八五七〜一九三〇年。第二十七代アメリカ合衆国大統領。内政面で反トラスト法を執行し、外交面ではカリブ海と中米に対してドル外交を展開した。退任後、第十代連邦最高裁判所首席裁判官をつとめた。行政府と司法府の最高職を経験した唯一の人である。

▼ワシントン会議　一九二一年から翌年にかけてワシントンで開かれた国際軍事会議。日・米・英・仏・伊・中国・オランダ・ベルギー・ポルトガルの計九カ国が参加。はじめての軍縮会議であり、国際社会の主導権がイギリスからアメリカに移ったとされる。

▼日米同志会　一九一三(大正二)年、アメリカ合衆国カリフォルニア州議会に提案された「排日土地法案」を阻止し、日米両国間の和親を増進することを目的として設立された組織。渋沢栄一が会長に就任する。

▼日米関係委員会　日露戦争後、日本人移民問題と満州《まんしゅう》(現、中国東北部)問題で、日米関係が悪化するなか、関係改善する目的で民間の組織として一九一六(大正五)年に設立された。渋沢は常務委員としてとくに日本人移民問題の解決に尽力した。

国際関係改善をめざす運動、つまり「民間外交」の傑出した実践者であることを認められ、「グランド・オールドマン」としてたたえられた。

そのほかに、渋沢栄一は、今でいうＮＧＯ・ＮＰＯ的な、日米関係を緩和する民間の委員会にも深く関与し、国際交流を高め、情報の交換と国民感情の相互理解にさまざまな機会をあたえたのである。

一九一三(大正二)年、頂点に達したカリフォルニア州の排日運動問題の解決を求めるため、日米同志会▲を結成し、その会長に就任している。

一九一六年二月には、日米両国民の相互理解の増進をはかると同時に、日米間に生じた意見の対立をすべて取り除くことを目的とした日米関係委員会▲の結成を牽引した。政治家・実業家・宗教家・教育者・社会事業家など各界を代表する計二四人の委員によって構成される委員会であったが、正式な会長・委員長をおかなかった。渋沢は、一理事をつとめるという立場であったが、実質的な会長の役割を果たしていた。

同委員会は、日米関係改善への努力を重ねている。たとえば一九二〇(大正九)年には、カリフォルニア州の反日行動を討議するため、アメリカの東海岸と西海岸から代表を招き、意見を聞く二つの会議を開催したり、さまざまな活動を行った。この委員会の活動により、カリフォルニア州の反日感情を変化させたり、政策の転換へと導いたわけではないが、ある程度緊張を緩和させたり、アメリカの一部で日本人に対する同情心を高めたりした。

　また、一九一七(大正六)年に、日米の著名人一〇〇人以上を集めて設立された日米協会においても有力な支持者として渋沢は参画している。両国の誤解を解き、日米両国民の友好関係を促進するための意見交換の場所として機能させ、多大なる貢献を果たした。

　一九二七(昭和二)年、アメリカの宣教師シドニー＝ギューリック▲が「人形で遊ぶ日本のひな祭りの風習になぞらえて人形交換をし、世界の平和を子どもから築いていこうではないか」という提言をするのだが、国としては、それへの対応がなされなかった。ギューリックは同志社《どうししゃ》で教えていたこともあって、日本の民間人として渋沢がいることを知っていたので、渋沢に相談した。渋沢は、日本国際児童親善会▲を立ち上げ、その中心的役割で人形交換を実行に移す。アメリカから一万一九七〇体の青い目の人形が日本に贈られ、その返礼として五

▼**シドニー＝ギューリック**　一八六〇〜一九四五年。アメリカ合衆国の宗教家にして教育家である。親日家として知られ、ニューヨークの米日関係委員会成立にあたっておおいに努力したり、青い目の人形の贈答活動などをとおして日本とアメリカの親善に尽力した。

▼**日本国際児童親善会**　シドニー＝ギューリックの申し出から実現にいたった青い目の人形の日本側の受入れを実質的に担った組織。渋沢栄一が組織し、会長をつとめた。

青い目の人形をもつ栄一（1927〈昭和２〉年，文部省にて）

答礼人形の送別会（1927〈昭和２〉年，日本青年館にて）

ワシントンにおける歓迎会（1927〈昭和２〉年）

ニューアークのエジソン電気会社にて（1909〈明治42〉年）

八体の答礼人形を贈った。その人形交換が今でも各地に残っており、草の根的な国際交流の場として用いられることがある。このように、国際交流に非常に尽力した人物でもあった。

これらは日米関係が悪化したからというだけではなくて、世界中に日本の立場の位置付けをもっと明確に伝えたいという意識があったかもしれない。単にアメリカとの関係だけではなくて、同様にヨーロッパやアジア諸国との交流もあった。

国際的な関係で渋沢が関心をいだいていたもう一つの国は、中国であった。『論語《ろんご》』を規範にして生きていた渋沢は、日中間の友好関係樹立に対して強い思いをもっていた。一九〇七(明治四十)年、東アジアの航路の再活性化をめざし、日清汽船会社を設立し、会長・取締役をつとめた。そのほか中国興業株式会社・中日実業株式会社などの日中合弁会社の設立、両国の貿易促進をめざす諸団体の発足に協力し、国際貿易を通じて、日中間の相互理解を深めようと考えた。

経済的観点から日中間の友好関係をより強化するために、渋沢は、一九一四

(大正三)年、中国を訪問した。しかし当時、「対支《たいし》発展に最良の手段を尽し、大いにその経営を遂げんことを期する」が「現在わが国における対支貿易は、すこぶる発達を示しつつあるも、いまだ対支事業は、その発展すこぶる遅々として、毫《ごう》も進境をみざるなり。蓋《けだ》し、対支貿易と対支事業とは二者相結合して完全に発達するにあらずんば、とうてい十分の効果を奏すべからざるや明らかなり」「支那《しな》は四百余州の山河、天険を擁して、富源いたるところに横たわる。その地味の肥沃にして物資の饒多《ぎょうた》なる」ことは世界の列強諸国が、この国を狙っていることからも、うかがい知れることであったが、これは渋沢のいだいていた中国観と大きな隔たりを示していたのである。

しかし渋沢は、この中国に対しても「余は、わが国の支那に対する、すべからく仁愛《じんあい》・忠恕《ちゅうじょ》の至誠《しせい》をもって臨まずんば、はなはだ不可なるべしと思惟す」とする中国に対しての考えをもって、一九二〇年に日華実業協会▲の発足を援助し、みずからその会長に就任した。渋沢はいかなる国より中国をよく知る日本こそ対中援助にもっとも適しており、それをとおして日本自身も真の利益をえることができるのだとした。日本が中国の発展を助けるべきであり、対中援助

▼**日華実業協会**　一九二〇(大正九)年、日中両国の親善をはかると同時に両国実業家の提携を目的に設立された組織。渋沢栄一が会長に就任する。

こそ日本の中国政策の中軸をなすべきだと強く主張したのである。

渋沢は、王子《おうじ》飛鳥《あすか》山《やま》の自邸を民間外交の拠点にするということで、たえず外国人を招いて接待していた。たとえばインドの詩人タゴール▲は来日のたびごとといっていいほど、三回も渋沢の邸宅を訪れていて、そのときの映像フィルムが今も残っている。

このように、国際的な役割を非常に多く担った渋沢栄一は平和な国際社会を強く希求した。

渋沢が創設・運営を支援した団体のなかに、調和のとれた国際関係を促進し、国際社会における日本の地位を改善することを目的として一九〇六(明治三十九)年に発足した大日本平和協会▲があり、彼は同協会にて積極的に活動した会員であった。

一九一二(明治四十五)年に行った演説で、渋沢は、戦争が一国の経済を助けるという考え方を否定し、戦争が富を増すと考えることは、その人間の経済的真理に対する無知をさらけだすものと主張し、渋沢は戦争の否定的要素を強調した。彼にとって平和こそ、産業を振興し人類の幸福を増進する道であったの

タゴール

▼ラビンドラナート＝タゴール　一八六一〜一九四一年。インドの詩人にして思想家。詩聖として非常な尊敬を集めている。インド国歌およびバングラディッシュ国歌の作詞・作曲者で、タゴール国際大学の設立者でもある。

▼大日本平和協会　一九〇六(明治三十九)年に在日外国人宣教師の評議を受け、加藤万治《かとうまんじ》ほか日本人キリスト教者によって設立された平和運動の団体である。江原《えばら》素六《そろく》が初代会長に就任した。機関誌『平和時報』を発行している。一九二五(大正十四)年に解散した。

である。

彼は人間性と正義の原理は、商工業の利益となんら矛盾するものではないと論じたのであった。また、彼は戦争に対して、それが経済的価値を生むという理由に反対の意思をあらわした。つまり経済的利益に目を向け、世界が生き延び、真正の利益をえるためには、国際協力がいかに重要であるかを力説したのであった。

また、国際的秩序は平和的な経済戦争によってもたらされるべき、と信じていた渋沢は、生産と通商の振興こそが近代世界のなかで生存・発展していかなければならない、各国に共通な課題で、武器によらず、知識および生産の促進による経済戦争こそ、将来の戦争である、と考えたのであった。

渋沢の示唆するところは、自国では、おたがい譲りあうをよしとするところが、国際間では利益は取り得《とどく》というような観念が生じやすいということであった。そこでは道徳的な原則が欠けているとなげき、人びとは「力は正義なり」という考え方に頼りすぎているとした。渋沢は、戦争を避ける唯一の方法は、社会の道徳的水準を引き上げることと考えていた。人間性と正義の原則は国際関係において有効であるばかりでなく、商工業の利益とも合致するものであった。すなわち、国際平和が安定した経済環境を生み出すだけでなく、それ自体の道徳的価値によって有益なるものであるというみずからの信念を説明したものであった。

　しかしアメリカが第一次世界大戦に参戦したとき、渋沢は失望の色を隠さなかった。アメリカこそその指導力により、世界を平和に導いてくれるものと期待していたからである。アメリカへの信頼は一時的にゆらいだとはいえ、彼の国際理解と平和に対する姿勢は少しもゆらぐことはなかった。

　一九二〇年、国際連盟《こくさいれんめい》の活動と理念を支援するため、国際連盟協会▲が結成されたが、渋沢はその初代会長をつとめ、財政的支援に応じたのである。彼は国際連盟を世界平和への新しい希望のいしずえとみていたのである。

社会福祉の整備——偶然から必然の事業へ

　渋沢栄一は、社会福祉の分野にも非常に力をいれた。

明治新政府は、「富《ふ》国《こく》強《きょう》兵《へい》」をスローガンに掲げ、近代化を積極的に推進さ

▼**国際連盟協会**　第一次世界大戦後の一九二〇（大正九）年に発足した国際連盟の精神を広く普及させるために、欧米をはじめ各国に「国際連盟協会」が創設された。日本においても、同年、渋沢栄一を会長に設立され、国際連盟精神の普及にあたった。

せるが、すべての人びとが、新しい社会に溶け込み、よりよい生活を営めたかというと、必ずしもそのようにはいかなかったようである。変化についていけず、ドロップアウトしてしまう人がでていた。ただ、明治新政府による近代国家建設は、このような人びとへ目が向けられることなく進められていったのである。一方で、このような人びとを救済することを社会の義務として積極的に取り組んだ人びとも多くいた。そのなかの一人が、渋沢である。

渋沢は、「福祉についての出会いは本当に偶然だった」といっているが、新しい国づくりのなかで新しいシステムをつくり、導入し、受け入れていったが、急な生活の変化についていけない人たちを、底辺の部分からボトムアップすることによって、本当のよりよい生活環境が生まれてくるし、それがよい国づくりにつながるということで、福祉に対する理解が深まっていったところがあった。

渋沢の福祉事業への端緒であり、強く傾注した事業の代表格として東京養育《ようい》院《く》がある。

江戸《えど》時代、江戸の町の備荒《びこう》貯蓄のために七分《しちぶ》積金《つみきん》（六九ページ図参照）という制度を実施した松平定信《まつだいらさだのぶ》▲という老中《ろうじゅう》がいた。その積立金がずっと積み立てられて残っていたが、江戸幕府《ばくふ》崩壊後、東京府に移管されていたのである。それを東京営繕会議所《えいぜんかいぎしょ》▲が引き受け、どう使うかを担わなければいけなくなり、それをまかされたのが、当時、第一国立銀行の頭取をし、営繕会議所の会頭をつとめていた渋沢であった。その使い道として渋沢が一つ選んだのが、東京養育院という福祉医療施設の設立であった。

一八七二(明治五)年に、ロシアの皇太子が急遽来日することになり、当時、首都が移った東京の町は、幕府が崩壊したあと、職を失った旧武士《ぶし》身分の人たちや、行き倒れの人たちが少なからず徘徊《はいかい》している状態であった。錦絵《にしきえ》などでは非常にはなやかな東京の町のようすが描かれたりしているが、意外と暗い部分もあったのである。ロシアの皇太子が来日するにあたって、今でいうホームレスのような人たちをどこかに集めなければいけないという話になり、旧加賀《かが》藩邸《はんてい》の脇にあったといわれる長屋に一時期収容したことがきっかけとなり、同事業はスタートする。やがてそれが浅草《あさくさ》、上野《うえの》などと所在地を移すとともに、事業を拡大していった。もともとはホームレスの人たちの収容施設としてスタ

▼**松平定信**　一七五九〜一八二九年。老中首座《しゅざ》・陸奥白河《むつしらかわ》藩藩主。将軍補佐役となったとき、祖父吉宗《よしむね》の享保《きょうほう》改革を手本として寛政改革を実行するが、尊号《そんごう》事件や大奥《おおおく》への締付け策のために辞職した。その後、白河で文教政策・殖産興業《しょくさんこうぎょう》に尽力した。

▼**東京営繕会議所**　一八七二(明治五)年に、旧町会所の資産(積立金と所有の土地建物)をもとに、道路・橋梁の営繕などにあたる東京市民の自治組織として設立された。市民の有力者による自主運営がまかされていたことから、商法会議所に近い組織であった。

東京養育院大塚本院（1897〈明治30〉年ごろ）

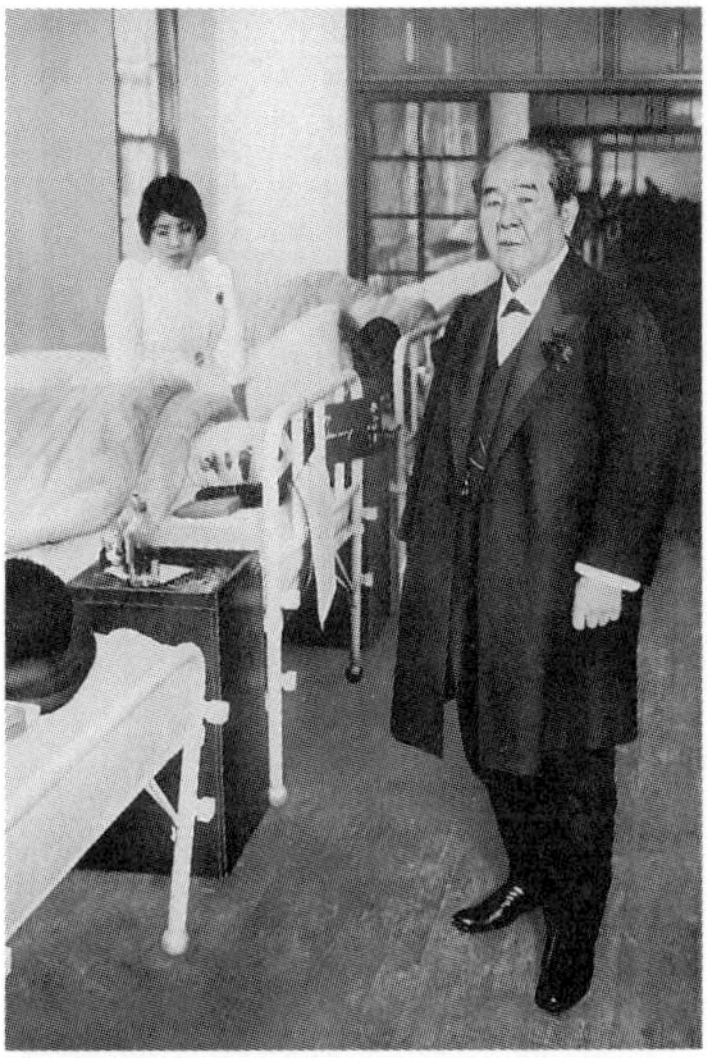

板橋本院の病室にて（1924〈大正13〉年）

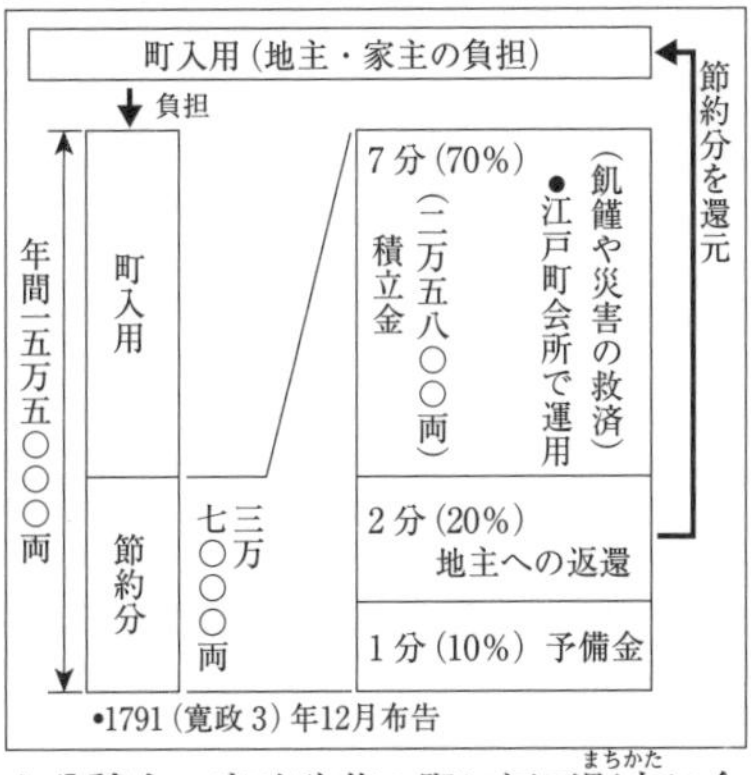

七分積金　寛政改革の際に江戸町方《まちかた》に命じた積立制度。町入用《にゅうよう》の節減分の七分を備荒貯蓄のため積み立てさせた。会所《かいしょ》と籾蔵《もみぐら》を設立し，これが積金を取り扱い，備荒のための事務や市民の救済事業を行う江戸の救済事業機関たる町会所となった。

明治になってからの七分積金の用途

町会所積金収入　63万5549円余	
町会所積金支出　46万8223円余	
支出	社会事業費（養育院費諸経費）　4万5102円余 ガス灯などの事業費　17万3804円余 教育費（商法講習所，のちの一橋大学の経費）　2万3213円余 その他（公債証書や賃金など）　約22万5000円

東京都公文書館編『都市紀要7　七分積金』による。

ートしたが、最終的には現在の東京都板橋《いたばし》区を拠点とし、本院のほか分院を設け、老人養護施設とか児童養護施設、更生施設としての感化部を設置したり、結核をわずらった人たちの長期療養施設を千葉に設けたりするほか、今でいう看護師や保育士の養成機関も兼ね備えるというように、機能・事業を非常に拡大していった。

渋沢は、養育院の事業が開始された翌々年から運営事務に関与し、一九三一（昭和六）年になくなるまで約六〇年間にわたって院長（当初は事務長）をつとめた。月に一、二度しか養育院に足を運ぶことはできなかったが、しばしば自邸に養育院の収容者や従業員を招き、もてなしたという。社会福祉事業家としての先駆的な位置付けをあたえられる人物であった。

幕末《ばくまつ》の渡欧体験にて、ヨーロッパの先進文明にふれ、日本の近代化に向けて必要と感じた多くの制度なり事業について学んできたが、そのなかの一つにフランスの慈善事業があった。たとえば、一八六七（慶応三）年四月、マルセイユにて視察した学校で学校支援のための慈善事業組織の存在を知る。また、パリにて病院を訪問した際に、同病院が市中のある金持ちの未亡人が、金銭をだして創設されたものということを知り、記録に残している。ヨーロッパ滞在中に、経済システムについて学んだことはよく知られているが、慈善事業のあり方・運営維持方法や、それに対する協力の仕方についても積極的に学んでいたのである。

帰国した渋沢が目にした当時の東京の状況を、一八六九(明治二)年に行われた貧富別人口調査記録『順立帳《じゅんだてちょう》』によって概観してみよう。幕府が崩壊したあと、世界的にみても他に類をみないほど多くの人口をかかえていた江戸・東京の町は、富裕な人びとが江戸・東京からでていく一方で、飢えで苦しむ農民たちが地方から東京へ流入しており、荒廃していたようすがうかがえるのである。当時百万都市と呼ばれた人口は半減し、五〇万三七〇〇人になっていた。その内訳をみると、一九万六六七〇人が「富民」と呼ばれる家持ちの人びとであった。そして賃貸住居に住む「貧民」が二〇万一七六〇人で、さらに一〇万三四七〇人が「極貧民」、そして残りの一八〇〇人が「極々貧民」というもので、当時の東京は、人口の六割以上を貧しい人びとが占めていたことがわかる。

貧民は江戸の町にもいたが、幕府が大々的に彼らを救済する政策を講じることはなかった。そのような状況は、維新《いしん》期においても同様で、明治新政府も、社会的な弱者に目を向けることはしなかった。困窮者の救済にあてられた費用は、歳出全体のわずか〇・一％前後にすぎなかったといわれている。社会的弱者に対して本格的な対応策をとるようになるには、明治中期にいたるまで待たざるをえなかったのである。

このような状況下において、財源のない新政府は不換紙幣である太政官札《だじょうかんさつ》を乱発し、増収をはかるが、逆に物価は上昇し、かえって状況は悪化した。さらに、新政府は江戸町民が飢饉《ききん》や災害に備え貯蓄していた七分積金を東京府で受け継いだ共有金にまで手をつけ、これらを道路建設や軍事費にまで流用し、近代国家建設を優先させたのである。

一八七四(明治七)年、政府は困窮者を救う目的で「恤救規則《じゅっきゅうきそく》」を布達した。この法律は、貧困者のうち独身で労働不能の、七〇歳以上の老衰または重病の者、障害者、病人、そして一三歳以下の児童などに一定の米代《こめだい》を支給することを定めたものであった。非常に限定された救貧法であり、しかも、前提として、貧民の救済はあくまでも相互扶助の精神でなされるべきとして多くの貧困者に対して突き放す姿勢を示していた。

地方税によってまかなわれるようになっていた養育院の経費に対して、非難の目が向けられるようになった。一八八二(明治十五)年四月の東京府会において養育院廃止案が議せられた。窮民を府で救助するということは、むしろ「惰《だ》民《みん》」をつくる原因になる。貧困者が年々ふえるのを東京府の富をもっていちいち救助していては、これにあてることもできなくなる、とする考え方で、ジャーナリスト田口卯吉《たぐちうきち》▲なども同様の主張をした。

そして、東京府会は一八八五(明治十八)年六月末をもって養育院への府費を打ち切ったが、これに抵抗したのが渋沢であった。たとえば一八八五年二月十日付で、渋沢は東京府知事の芳川顕正《よしかわあきまさ》▲に建議書を提出している。


困窮者を助けるのは社会を治めるのに必要な義務であり、もし首都東京にてこの施設がなければ、貧しい人々は頼る所がなくなり餓死者が街頭に横たわる惨状となるだろう。明治の初めに設けられた養育院は以来東京の窮乏に苦しむ者が行き倒れることを避けるのに大いに与ってきた。今、過去を回顧し、将来を推考すれば、到底これは廃棄すべきものではない。

▼田口卯吉　一八五五〜一九〇五年。最初医学を志したが、大蔵《おおくら》省翻訳局で英語・経済学をおさめ『日本開化小史《にほんかいかしょうし》』などを著わす。大蔵省辞職の翌年、経済雑誌社を興こし『東京経済雑誌』を刊行し、多くの論説を発表する一方、東京株式取引所、鉄道経営などにも関与した。

▼芳川顕正　一八四二〜一九二〇年。内務少輔兼東京府知事に就任したあと、文部、司法、内務《ないむ》、逓信《ていしん》大臣を歴任。とくに第一次山県有朋《やまがたありとも》内閣の文部大臣となったときには教育勅語《きょういくちょくご》の発布に尽力した。

この渋沢の建議が功を奏し東京養育院はなんとか廃止をまぬがれ、委任経営により存続することとなった。渋沢がこのように熱い思いをもって事業にあたるようになったもとをたどれば、幕末の渡欧時に学んだ慈善事業の精神によるところが大きいのと、血洗島村にてすごしたころに、村にいた今でいうハンセン病をわずらった村民の面倒をよくみたといわれる、とても慈悲深いとされる彼の母親の影響が強かったと思われる。

渋沢は社会事業にある種の使命感をもって取り組んでいたと思われる。それは救護法施行に向けて期成同盟会が組織され、会長就任、政府への陳情などを請われたとき、高熱にて主治医がとめるのを遮ってまで「社会事業は私の使命である」と発したことなどからくみとれる。

日清《にっしん》戦争での勝利と国内で工業化が進展したことにより、日本は豊かになったが、一方で、資本主義化の進行にともない、しばしば不況の嵐が吹き荒れるようになった。貧富の差も広がり、養育院の入所者も増え続け、施設・事業は拡大したのである。設立当時の入所者は三〇〇人余りだったのが、一八九五（明治二十八）年には約二倍のおよそ五九〇人におよんだとされている。

こうした事態に、渋沢は複雑な思いをいだくようになっていた。国は豊かになったが、それは同時に貧民をふやすことにもつながるのだ、という思いを彼は年々強くしていったのである。渋沢は養育院の意義について次のように思っていたことがわかる。

一方に富が増し、繁昌の加わるとともに落伍者《らくごしゃ》もまた増加するということは避くべからざる自然の道理でございます。故《ゆえ》にこれに伴う社会政策をして、その繁昌に汚点を生ぜぬように維持するということを努めねばならぬ、……斯《か》かる設備を完備させねばならぬということは必ず免るべからざる自然の道理である。即ち窮民が多いのを悦ぶのではなくして社会の繁昌を悦ぶ、養育院に依って社会の繁昌が養護せらるるのであると信じまするのでございます。

渋沢の尽力によって、多くの困窮者が救われたが、社会政策はこの時代、まだ非常に限定的なものであった。

教育・文化の整備——伝統の維持と未来に向けての創造

教育文化の整備も忘れていなかった。国づくりのためには、それを担っていく人をつくらなければいけないということである。官立《かんりつ》の学校がいくつもできるなか、私立の学校の支援をしていく。その教育事業のなかで、おもに力をいれたのが実業教育・商業教育と女子教育であった。ともに、それまでの教育についての考え方のなかでは非常に軽んぜられてきたものである。

江戸時代、商人は身分も下層だし、読み・書き・算盤《そろばん》さえできればよしとする風潮があった。ところが、これからは国際的に世の中にでていかなければならないし、経済人として育てていかなければいけない。そこで、日本で最初の文部大臣の森有礼《もりありのり》▲がアメリカのビジネススクールの形態をまねて東京商法講習所▲をつくり、私塾としてスタートさせたものを、森自身が清国《しんこく》公使として赴任するに際し公務で忙しくなったので、それを渋沢が会頭をつとめる東京営繕会議所で引き取り、七分積金の資金をもとに、学校として成り立たせた。それが、やがて高等商業学校になり、東京商科大学になる。その間、学生による校長排斥運動などさまざまな問題への対処にあたると同時に、学校の組織づくり、財

▼**森有礼**　一八四七〜八九年。外交官にして政治家。明六社《めいろくしゃ》を設立し、欧米思想の啓蒙に尽力するほか、商法講習所を設立。以後、駐清公使、外務大輔《たいふ》、駐英公使、参事院議官《さんじいんぎかん》兼文部省御用掛《ごようがかり》などを歴任し、第一次伊藤博文《いとうひろぶみ》、黒田清隆《くろだきよたか》各内閣の文相となる。

▼**東京商法講習所**　森有礼が創設した商業学校。英語での授業が行われ、さらに模擬店舗・銀行を設け、模擬紙幣を使用しての商取引の実践を行うことが授業の特徴であった。創設当初から東京会議所、東京府そして農商務省へと移管された。今日の一橋大学に引き継がれている。

政的支援、運営面での支援に尽力したのであった。これは今の一橋《ひとつばし》大学につながるものである。渋沢は、帝国大学に商科ができなかったことに対する不本意さを感じ、大学昇格へと奔走したが、みずからもまた、東京大学にて「日本財政論」を講義している。商業教育の向上、高等化を望むと同時に、経済人の地位向上を強く望むところでもあった。

それから、女子教育である。渋沢は、これからの世の中、女性も社会に進出すべきだということをなかなか理解できなかった。自分自身は、良妻賢母を旨とするおとなしい日本女性であってほしいと望んでいたところがあった。しかし、みずからの海外での経験のなかで、女性がいろいろな分野で活躍しているようすをみたり、また日本においても女子教育を奨励させようという、日本女子大学校の創立者成瀬仁蔵《なるせじんぞう》▲の強い説得などがあったりして理解を示すようになっていった。そして、女子教育にも随分貢献し、支援するようになった。現在も受け継がれている東京女学館の館長・理事長をつとめたり、日本女子大学校の校長もつとめたのである。

女性も立派な国民として認められ、女子教育も進歩してきたので、これから

▼**成瀬仁蔵**　一八五八〜一九一九年。明治から大正期のキリスト教者にして、日本における女子高等教育の開拓者で、日本女子大学校の創立者である。一方、帰一《きいつ》協会を設立し、国内外の思想・宗教の調和を企てた。

は、みずから自己を進めていくという覚悟の必要性を説くと同時に、歴史・地理・物理・科学・経済・衛生などあらたな教育制度を設けて、女性に対して高等教育をあたえる必要性を説き、また、家庭内での消費経済に関する知識にとどまることなく、殖産経済についてもそれ相応の知識をもたねばならないということを強く発していた。そして、知識が増すに比例して婦徳も増すことを望んでいたのである。

このように、新しい国づくりのための人づくりもけっして忘れなかったのである。

それともう一つ、渋沢の九二年の生涯を振り返るなかで、彼が残した事績のなかに記録資料に対する考え・意識が少しみいだせる。渋沢が生きていた時代は、まだまだ文化財を残すというような考え方にはおよんでいなかったが、渋沢のなかではかかわった文化事業のなかで新しい制度システムや技術なりを導入して世の中を変えていきたい、というものと同時に、それまであった伝統的なものをきちんと残し、また後世につないでいかなければいけないものがみえていたように思える。

森有礼

東京商法講習所の授業風景

加藤弘之

東京大学

成瀬仁蔵

日本女子大学校

伊藤博文

女子教育奨励会(のちの東京女学館)

一里塚（東京都北区西ヶ原）

たとえば、現在、東京都北区《きた》西ヶ原《にしがはら》にある渋沢史料館の近くに一里塚《いちりづか》という交差点がある。実際に本郷《ほんごう》通り（旧日光御成道《にっこうおなりみち》）という幅広の道路の真ん中に島状に一里塚が残っている。一九二五・二六（大正十四・十五）年、東京に市電《しでん》をとおすため道路の拡幅を迫られたときに、その一里塚を撤去しようという動きがあったが、一里塚に植えていた二本榎《にほんえのき》を守りたいという気持ちから、きちんと残すべきものということで、渋沢は地元の名士と金銭をだしあってそれを買いとり、公園指定地として寄付している。きちんと公営施設として守るべき旨の指示を同時にだしているのである。渋沢は、またそれを長く受け継がせるための手法として、そこにモニュメント的な碑を設置させる。碑の題額は徳川《とくがわ》の第十六代目だった家達《いえさと》に書いてもらっている。今でこそ道路の真ん中に残すのはよいかわからないが、一里塚がどんどん失われていくなかで、中山道《なかせんどう》筋の板橋志村《しむら》にあった一里塚と東京の北区西ヶ原にある一里塚と、東京都内には二つ残るのみとなった。そのうち、実際に当時の場所で残っているのは西ヶ原の一里塚だけである。

これらを受け継いでいこうという意識のある人が考えていたいくつかの事業

のなかで、歴史編纂だとか伝記の編纂・刊行の事業についても少なからず協力・関与している。たとえば、『明治維新史料』『明治商工史』▲というような文献の編纂・刊行に協力しているのである。時代の重要事象を世に受け継がせていきたいとした場合、当時としては刊行物によって残された資料を公開するという考え方をもつと同時に、記録をいくつかに分散させていろいろなところでみることができる環境づくりと、いざもとの資料がなくなったときも情報として受け継がれていくということに頭がめぐっていたところが見受けられるのである。

伝記についても同様である。とりわけ渋沢が恩義を感じ、尊敬していた人物の一人、徳川慶喜の伝記編纂をなんとかしたいと考えていた。徳川家の事情から、慶喜が存命中には絶対刊行しないという約束のもと、没後少したってから刊行している。最初はジャーナリスト福地源一郎《ふくちげんいちろう》▲に相談して、自分が恩義を感じている慶喜の伝記だからまとめるということと、慶喜が恭順《きょうじゅん》の意をあらわして大政奉還にいたった史実を後世に受け継ぎたいという気持ちであって、福地もそれに協力しようということであった。家康《いえやす》以降の徳川の時代のなかで慶喜

▼**『明治商工史』**　報知新聞社が『報知新聞』の一万二〇〇〇号発刊記念として渋沢栄一に撰者を委嘱し、論説・講話を集めて一九一一(明治四十四)年に刊行した。また、一九一八(大正七)年には、『報知新聞』一万五〇〇〇号発刊に際し、『最近商工史』と改題し刊行されている。

▼**福地源一郎**　一八四一〜一九〇六年。幕府使節《しせつ》の一員として二回渡欧したり、岩倉《いわくら》使節団に随行したりしている。明治新政府を批判する『江湖《こうこ》新聞』を発行し、逮捕されるが、『東京日日《にちにち》新聞』を主宰、言論界で大きな影響力をもった。それ以後は政治小説や歌舞伎《かぶき》台本を執筆、演劇改良運動など多方面で活躍した。

の時代の意義を残していこうと、当時深川《ふかがわ》にあった自分の屋敷を編纂所として資料収集にあたっている。外国の資料なども集めていたようである。ただ残念なことに福地自身が病気をわずらってなくなったことから仕切りなおし、あらたな伝記編纂をすることになった。東京帝国大学の歴史学の教授三上参次《みかみさんじ》の紹介で歴史家萩野由之《はぎのよしゆき》▲のもとで資料収集からしなおして、渋沢栄一著になるのが、実際には東大の国史学の教授によって編纂された。

資料収集と同時にもう一つ、昔夢会《せきむかい》▲という会を開いて、今でいうオーラル・ヒストリーという聞きとり調査をして記憶を記録化しようとしている。『昔夢会筆記《ひっき》』として別途刊行されたりするが、徳川慶喜公伝編纂事業のなかでその昔夢会の筆記・聞きとり調査事業がなされていたのである。

実は、飛鳥山公園内の旧渋沢庭園内に、渋沢史料館が最初にスタートした青《せい》淵《えん》文庫がある。敷地は東京都北区管理だが、現在、国指定重要文化財の青淵文庫ならびに晩香廬《ばんこうろ》は、渋沢栄一記念財団の所有である。一九二五年に竣工され、渋沢邸のなかの書庫として設けられたものであった。この建物は渋沢栄一が一九二〇(大正九)年に傘寿《さんじゅ》を迎えた祝いと、男爵《だんしゃく》から子爵《ししゃく》に昇格した祝いに、竜《りゅう》

▼**萩野由之**　一八六〇〜一九二四年。日本の歴史学者にして国文学者で東京帝国大学教授などをつとめた。古代および近世の法制史研究、古代から中世の古典研究、そして幕末維新期の研究と研究領域は幅広い。その他、出身地佐渡《さど》の研究も行っている。

▼**昔夢会**　徳川慶喜の伝記編纂にあたり、その資料とするために慶喜自身より幕末の事情などに関する談話を聞きとる会。日本におけるオーラル・ヒストリーの初期の事例といえる。なお、回想談は『昔夢会筆記』として出版されている。

▼**竜門社**　一八八六(明治十九)年、渋沢栄一の深川福住《ふくずみ》町邸に寄宿していた青年たちによって、勉学につとめ、成果を発表する場として結成された。その後しだいに発展し、今日の「公益財団法人渋沢栄一記念財団」に受け継がれている。

門社《もんしゃ》▲が会員に寄付をつのって、渋沢栄一が『論語』を規範に生きたということで、『論語』をはじめ約二万冊ほどの漢籍類をおさめてもらおうと贈ったものであった。渋沢は非常に喜び、書庫をもらえるのであれば、みずからが蒐集してきた漢籍類をおさめて、晩年はみずからの勉学の場所としたいと思っていた。さらに、徳川慶喜公伝を編纂するにあたり、蒐集された資料をそこにおさめ、それを後世に受け継いで残していき、また閲覧に供するような形に整えておきたいということを考えたのであった。

青淵文庫は一九二二(大正十一)年に工事着工で、翌年秋に完成予定だったが、完成間際のところで関東大震災《かんとうだいしんさい》が起こった。そのとき、兜《かぶと》町にあった事務所に資料は保管されていた。その事務所は、震災当日、建物の壁がくずれるなどの被害があったものの、出火しなかったことから、翌日にそれを整理して救いだそうという気持ちでいたところが、その日のうちに出火し、残されていた書類は残念なことに慶喜公伝のために蒐集された資料とともに焼失してしまった。それを渋沢は非常に悔やんでいる。青淵文庫自体は、震災の被害にあったものの、その後施工にあたった清水組《しみずぐみ》の努力によって一九二五年竣工にいたるわけであるが、授与式のときに残念な挨拶をしているのである。渋沢は、記録を後世に受け継いで、またそれを活用してもらえるような場をつくろうという考え・意識をもっていた人物であったということである。

最後にもう一つ『楽翁公伝《らくおうこうでん》』▲である。これはさきほど紹介した社会福祉事業の一つとしての養育院、そして教育事業の一つとしての商法講習所の運営にあたっての費用面に関係してくる。

運営に事務的な取扱いとしてあたったのは、第一国立銀行の頭取でもあった東京会議所の会頭をしていた渋沢であった。費用の捻出について、まず、渋沢は江戸時代の寛政改革《かんせいのかいかく》を実行した老中松平定信の政策によって江戸の町費の七分を積立てしていたものが共有金という形で東京府に移管されていたのに注目した。渋沢は、明治の初年当時で一四〇万円くらいと記録している。その金額を元手に養育院を事業展開し、また商法講習所での事業を展開させ、またそのほかにも道路の整備や橋梁の架設、墓地の整備なども共有金を元手に使用した。少年のときに、いろんな書物を読みなさいといわれ、『日本外史《にほんがいし》』などを読んだなかで松平定信のことは知っていた、と渋沢はいっている。

▼**『楽翁公伝』**　「七分積金」の制度をつくった松平定信を尊敬する渋沢栄一が、東京帝国大学の三上参次教授に委嘱して定信の伝記編纂を開始し、渋沢没後の一九三七(昭和十二)年に岩波書店より刊行された。

『徳川慶喜公伝』

青淵文庫

『楽翁公伝』と『楽翁公伝』の資料をみる渋沢栄一(1927〈昭和２〉年)

その人物像を記録化し、後世に受け継ぎたいという気持ちで『楽翁公伝』をまとめている。これは、松平家で死蔵されていた資料群を、公にしたいという気持ちから伝記編纂にも着手した、と渋沢は序文に書いている。公のために記録を活字化して残すことによって、情報として分散化させて後世に受け継いでいく考えから『楽翁公伝』に非常に意識をもっていたということであった。

ただ単に経済人としての位置付けで注目されている渋沢だが、社会公共事業にも非常にいろいろな分野でかかわっていた。関係した会社は約四七〇といわれるが、関係した社会公共事業は六〇〇にものぼる。渋沢は、日本の経済システムだけでなく、日本の新しい国のシステム全体を構築したオルガナイザーとしての位置付けもあった。

現代に生きる渋沢栄一

　最後に、今、渋沢栄一が非常に注目されているのは、どういったところなのかというのを少しまとめてみたい。近年、企業でも不祥事などが非常に多く起こっている。手段を選ばず、まず利益追求を第一に考えてしまうところがある。渋沢は、利益を求めることはけっして悪いことではないとした。それまであった商売というものに対する蔑視を非常にうれえていて、むしろ「利益をえることはまちがったことではない。それによって国を富ませるし、強くする。発展の基底にあるのは経済活動だ」と思っていた。

　ただし、その経済活動をするにあたっては、道徳《どうとく》観や倫理《りんり》観をけっして忘れてはいけないと強くいっている。しかし、実践のなかでは、それをあまりいっていない。むしろリタイアしたあとの一九〇九(明治四十二)年以降、『論語《ろんご》と算盤《そろばん》』を著わしたり、一二三(大正十二)年には帝国発明協会で道徳経済合一《ごういつ》説を録音盤に残したりして普及させようとしている。その録音盤では今も肉声を聞くことができる。そして、世界平和を願うところにも道徳観がなければいけないということで、道徳という意識をさらに向上させ、広がりをもたせ、昇華させていこうというところがあった。

今、渋沢が注目されている理由の二番目は儒教《じゅきょう》精神である。渋沢は、生涯ずっと『論語』を規範に経済活動をしていた。中国でも儒教精神に貫かれた事績・思想を正面から研究しようという動きがあらわれてきた。渋沢は、ヨーロッパやアメリカの文化・技術などを重んじて、新しい国づくりに導入したが、精神は、生まれ育ったなかで学んだ『論語』の教え、儒教の教えをずっと貫いていた。今、世の中では東アジアが非常にめざましい発展をしているが、そのなかで、伝統的な精神、東洋的な文化をもう一度みなおすべきではないかと、渋沢像とダブらせて再評価する必要があるといわれている。

三番目は、社会貢献活動の先駆者である。今、企業は、さまざまな形で社会貢献・文化支援を行っている。それが本格的に進むようになってきたと思うが、一時期、企業のPR活動に使われているのではないかという誤解を招いた。たとえば、「こういう事業に援助するから、自分の会社の名前を冠につけてくれ」と強要することがさきにでてしまう。本当の意味での社会貢献・文化支援を考える際には、渋沢がいうように、経済活動と同時に社会公共事業を行うことが大事である。「国のために公益事業を必要とするのだから、そこへの支援をもう一度みなおしたらよいのではないか。その先駆的な役割をもう一度みつめなおすときではないか」と注目されている。

四番目は、リーダーシップの発揮である。今は、将来に対して長期的なビジョンをもって、確固たる意識でつねにリーダーシップを発揮する政治家も経済人も、なかなかでてこないといわれている。そのなかにあって渋沢は、たとえば中国での辛亥革命《しんがいかくめい》前に、孫文《そんぶん》▲、袁世凱《えんせいがい》▲に対して、これからの中国の政治・経済のありさまについてきちんと持論を伝えている。また、二〇一一(平成二十三)年三月十一日の東日本大震災以降、関東大震災時に、一民間人・実業家として長期的かつ国際的な視野から〝民〟の力を結集し、政府に協力しながら震災

▼孫文　一八六六〜一九二五年。中国の政治家にして革命家。辛亥革命を起こした翌年、南京《ナンキン》に成立した中華民国の臨時大総統《りんじだいそうとう》をつとめた。「中国革命の父」と呼ばれ、尊敬されている人物である。

▼袁世凱　一八五九〜一九一六年。中国の軍人にして政治家。辛亥革命で、愛新覚羅溥儀《あいしんかくらふぎ》の退位と引きかえに、孫文にかわり中華民国臨時大総統となる。一九一三年初代大総統に就くが、対華《たいか》二十一カ条要求受諾による反日気運と反袁運動のなかで病死する。

復興に尽力した渋沢のリーダーシップとその活動が注目されている。そういう信念と確固たるビジョンをもって、強いリーダーシップを発揮できる人材を育てるためにも、渋沢像をもう一度みならうべきである。

そして、渋沢は九二年生きたが、なくなる直前まで自分のことは自分で行い、充実した生き方をした渋沢の人生は、まさに今の高齢化社会のなかにおいての模範ではないかといわれており、注目されている。

最後に、ここで記したことから感じられたかもしれないが、渋沢はけっして自分の利益のために動いていたのではない。エピソードとして、三菱《みつびし》の創始者の岩崎《いわさき》弥《や》太郎《たろう》が渋沢に、「君と僕が手をくめば、この国は全部牛耳れるんだ」という話をしたときに、渋沢は、それをきちんと断わっている。そして、「私は、道義的な経営のもとで生まれた利益を公平に分配することを考えていきたいと思う。公益の思想のもとで考えていきたいんだ」と断言する。あくまでも自分のめざすところは公益で、みんなに公平に分けあたえられる利益を求めていったのだといっている。

それと、官尊民卑《かんそんみんぴ》の打破をめざしていたので、民が官を補うのではなく、むしろ民が先導すべき立場で、この国を導いていかなければいけない、と。これからの世の中、まさに官民一体となった公益をめざすシステムをわれわれも考えていかなければいけないと思う。

今一度、渋沢の生きざまをもう少し深く探っていきたいし、それをいい目標にしていきたいと私たちは願っている。

参考文献

于臣『渋沢栄一と〈義利〉思想』ぺりかん社, 2008年
大谷まこと『渋沢栄一の福祉思想—英国との対比からその特質を探る—』ミネルヴァ書房, 2011年
荻野勝正『尾高惇忠』さきたま出版会, 1984年
小貫修一郎『青淵回顧録』青淵回顧録刊行会, 1927年
鹿島茂『渋沢栄一』I 算盤篇・II 論語篇, 文藝春秋, 2011年
木村昌人『渋沢栄一——民間外交の創始者』中央公論社(中公新書), 1991年
見城悌治『渋沢栄一——「道徳」と経済のあいだ』日本経済評論社, 2008年
小島直記・村上元三ほか編『日本のリーダー第6巻　資本主義の先駆者』TBSブリタニカ, 1983年
坂本慎一『渋沢栄一の経世済民思想』日本経済評論社, 2002年
佐野眞一『渋沢家三代』文藝春秋(文春新書), 1998年
渋沢栄一述・長幸男校注『雨夜譚』岩波書店(岩波文庫), 1984年
渋沢研究会編『新時代の創造　公益の追求者・渋沢栄一』山川出版社, 1999年
渋沢青淵記念財団竜門社編『渋沢栄一伝記資料』(本巻58巻)渋沢栄一伝記資料刊行会, 1955〜65年, (別巻10巻)渋沢青淵記念財団竜門社, 1965〜71年
『竜門雑誌』旧1〜9号, 竜門雑誌社・竜門社, 1886〜87年, 第1〜677号, 竜門社・渋沢青淵記念財団竜門社, 1888〜1948年
渋沢華子『渋沢栄一, パリ万博へ』国書刊行会, 1995年
渋沢華子『徳川慶喜最後の寵臣渋沢栄一——そしてその一族の人びと』国書刊行会, 1997年
渋沢雅英『太平洋にかける橋——渋沢栄一の生涯』読売新聞社, 1970年
島田昌和『渋沢栄一の企業者活動の研究——戦間期企業システムの創出と出資者経営者の役割』日本経済評論社, 2007年
島田昌和『渋沢栄一——社会企業家の先駆者』岩波書店(岩波新書), 2011年
須見裕『徳川昭武——万博殿様一代記』中央公論社(中公新書), 1984年
土屋喬雄『渋沢栄一』吉川弘文館(人物叢書), 1989年
東京都公文書館編『都市紀要7　七分積金』東京都情報連絡室, 1991年
東京都養育院編『養育院百年史』東京都, 1974年
日本放送協会・日本放送出版協会編『NHK知る楽 歴史は眠らない　2010年2〜3月』日本放送出版協会, 2010年
韮塚一三郎・金子吉衛『埼玉の先人　渋沢栄一』さきたま出版会, 1983年
深谷市史編纂会編『深谷市史』深谷市役所, 1969年
深谷市史編さん会編『深谷市史——追補編』深谷市役所, 1980年
三好信浩『渋沢栄一と日本商業教育発達史』風間書房, 2001年
山本七平『近代の創造——渋沢栄一の思想と行動』PHP研究所, 1987年

写真所蔵・提供者一覧(敬称略, 五十音順)

茨城県立歴史館　p.23中　人間文化研究機構　国文学研究資料館　p.49中
国立国会図書館　扉, p.57　宝台院　p.36
日本女子大学成瀬記念館　p.79 3列目左
上記以外の写真は, 渋沢史料館の所蔵・提供による。

1891	明治24	52	***7***- 東京商業会議所会頭となる
1893	26	54	***12***- 日本郵船㈱取締役に就任する
1894	27	55	***5***- 札幌麦酒㈱取締役会長に就任する。***7***- 日清戦争が勃発する(翌年5月講和)
1896	29	57	***9***- 第一国立銀行，㈱第一銀行として新発足し，引き続き頭取となる。***12***- 内閣より㈱日本勧業銀行設立委員をおおせつけられる
1897	30	58	***3***- 日本女子大学校創立委員に選ばれ，会計監督となる
1900	33	61	***5***- 男爵を授けられる
1902	35	63	***5***- 夫人同伴にて欧米視察(同年9月帰国)
1904	37	65	***2***- 日露戦争が勃発する(翌年9月講和)
1907	40	68	***2***- 帝国劇場㈱創立にあたり，取締役会長となる
1908	41	69	***10***- 中央慈善協会会長に就任する。***11***- 早稲田大学基金管理委員長となる
1909	42	70	***4***- ㈳癌研究会副総裁に就任する。***6***- 多くの企業および諸団体の役職を辞任する。***8***- 第2回渡米(渡米実業団団長として，同年12月帰国)
1910	43	71	***5***- ㈶二松義会顧問となる
1913	大正2	74	***10***- 日本実業協会会長に就任する
1914	3	75	***5***- 中日実業㈱設立を機に中国を視察する(同年6月帰国)。***6***- 第一次世界大戦が勃発する
1915	4	76	***10***- 第3回渡米(パナマ太平洋万国大博覧会視察をかねて，翌年1月帰国)
1916	5	77	***7***- ㈱第一銀行頭取を退任する。***10***- ㈶理化学研究所創立委員長となる
1919	8	80	***12***- ㈶協調会評議員・常議員・理事・副会長に就任する
1920	9	81	***4***- ㈳国際連盟協会会長および㈶日華学会会長に就任する。***6***- 日華実業協会会長となる。***9***- 子爵を授けられる
1921	10	82	***10***- 第4回渡米(ワシントン軍縮会議視察のため，翌年1月帰国)
1923	12	84	***9***- 大震災善後会副会長となる
1924	13	85	***3***- 東京女学館館長および㈶日仏会館理事長に就任する
1926	昭和元	87	***8***- ㈳日本放送協会顧問に就任する
1927	2	88	***2***- 日本国際児童親善会会長となる
1929	4	90	***10***- 世界大恐慌始まる。***11***- 中央盲人福祉協会会長に就任する
1931	6	92	***1***- ㈶癩予防協会会頭ならびに理事に就任する。***4***- 日本女子大学校校長に就任する。***9***- 満州事変が勃発する。***11***-***11*** 午前1時50分，永眠する

1872(明治5)年12月3日までは陰暦による。

渋沢栄一とその時代

西暦	年号	齢	おもな事項
1840	天保11	1	*2-13* 武蔵国榛沢郡血洗島村(現，埼玉県深谷市血洗島)に生まれる
1863	文久3	24	*9-* 高崎城を乗っ取り，横浜外国人居留地の焼討ちを計画する。*11-* 計画を中止し，渋沢成一郎(喜作)とともに京都へいく
1864	元治元	25	*2-* 一橋家に出仕する
1867	慶応3	28	*1-* パリ万国博覧会幕府使節の随員として渡欧(翌年11月帰国)。*10-* 大政奉還が成立する。*12-* 王政復古の大号令が布告される
1868	明治元	29	*12-* 静岡藩勘定組頭を命じられるが，辞退する
1869	2	30	*1-* 静岡藩勘定頭支配同組頭格勝手掛老中手附，商法会所頭取を命ぜられる。*11-* 民部省租税正に任ぜられる。*11-* 民部省改正掛が設置され，掛長となる
1870	3	31	閏*10-* 富岡製糸場事務主任をおおせつけられる
1871	4	32	*5-* 新貨幣条例が制定される。*7-* 廃藩置県が実施される。*8-* 大蔵大丞に任ぜられる。*12-* 大蔵省紙幣寮紙幣頭を兼任する
1872	5	33	*2-* 大蔵省三等出仕をおおせつけられ，大蔵少輔事務取扱を命ぜられる。*9-* 新橋・横浜間に鉄道が開通する。*11-* 国立銀行条例が公布される
1873	6	34	*5-* 大蔵省を退官する。*6-* 第一国立銀行総監役に就任する。*7-* 地租改正条例が制定される
1874	7	35	*1-* 抄紙会社の社務を委任される。*11-* 東京府知事より共有金の取締りを嘱託される
1875	8	36	*8-* 第一国立銀行頭取に互選される。*11-* 森有礼創立の東京商法講習所が東京会議所の管理に移るにあたり，委員にあげられる。*12-* 東京会議所会頭兼行務科頭取となる
1876	9	37	*5-* 東京府より養育院および瓦斯局事務長を申しつけられる
1878	11	39	*8-* 東京商法会議所会頭ならびに内国商業事務委員長に選ばれる
1879	12	40	*8-* 東京府養育院院長に任命される
1882	15	43	*1-* 銀行集会所の委員となる
1883	16	44	*3-* 大阪紡績会社相談役となる。*11-* 東京商工会会頭に選挙される
1884	17	45	*7-* 浅野セメント工場成立し，経営を援助する
1887	20	48	*10-* 日本煉瓦製造会社創立にあたり理事となる。*11-* 帝国ホテル創立にあたり発起人総代となる。*12-* 東京人造肥料会社創立委員長となる。*12-* 東京手形交換所委員となる
1889	22	50	*2-* 大日本帝国憲法が発布される

井上 潤(いのうえ じゅん)
1959年生まれ
明治大学文学部史学地理学科日本史専攻卒業
専攻，日本村落史
現在，渋沢史料館顧問
主要著書・論文
『村落生活の史的研究』(共著，八木書店1994)
『新時代の創造　公益の追求者・渋沢栄一』(共編著，山川出版社1999)
『地域開発と村落景観の歴史的展開―多摩川中流域を中心に―』
(共編著，思文閣出版2011)
『渋沢栄一に学ぶ「論語と算盤」の経営』(共著，同友館2016)
『渋沢栄一伝　道理に欠けず，正義に外れず』(ミネルヴァ書房2020)

日本史リブレット人 085
渋沢栄一《しぶさわえいいち》
近代日本社会の創造者
2012年3月20日　1版1刷　発行
2022年7月31日　1版4刷　発行
著者：井上《いのうえ》 潤《じゅん》
発行者：野澤武史
発行所：株式会社 山川出版社
〒101－0047　東京都千代田区内神田1－13－13
電話 03(3293)8131(営業)
03(3293)8135(編集)
https://www.yamakawa.co.jp/
振替 00120-9-43993
印刷所：明和印刷株式会社
製本所：株式会社 ブロケード
装幀：菊地信義

Printed in Japan ISBN 978-4-634-54885-5

日本史リブレット 人

1 卑弥呼と台与 — 仁藤敦史
2 倭の五王 — 森 公章
3 蘇我大臣家 — 佐藤長門
4 聖徳太子 — 大平 聡
5 天智天皇 — 須原祥二
6 天武天皇と持統天皇 — 義江明子
7 聖武天皇 — 寺崎保広
8 行基 — 鈴木景二
9 藤原不比等 — 坂上康俊
10 大伴家持 — 鐘江宏之
11 桓武天皇 — 西本昌弘
12 空海 — 曾根正人
13 円仁と円珍 — 平野卓治
14 菅原道真 — 大隅清陽
15 藤原良房 — 今 正秀
16 宇多天皇と醍醐天皇 — 川尻秋生
17 平将門と藤原純友 — 下向井龍彦
18 源信と空也 — 新川登亀男
19 藤原道長 — 大津 透
20 清少納言と紫式部 — 丸山裕美子
21 後三条天皇 — 美川 圭
22 源義家 — 野口 実
23 奥州藤原三代 — 斉藤利男
24 後白河上皇 — 遠藤基郎
25 平清盛 — 上杉和彦
26 源頼朝 — 高橋典幸
27 重源と栄西 — 久野修義
28 法然 — 平 雅行
29 北条時政と北条政子 — 関 幸彦
30 藤原定家 — 五味文彦
31 後鳥羽上皇 — 杉橋隆夫
32 北条泰時 — 三田武繁
33 日蓮と一遍 — 佐々木馨
34 北条時宗と安達泰盛 — 福島金治
35 北条高時と金沢貞顕 — 永井 晋
36 足利尊氏と足利直義 — 山家浩樹
37 後醍醐天皇 — 本郷和人
38 北畠親房と今川了俊 — 近藤成一
39 足利義満 — 伊藤喜良
40 足利義政と日野富子 — 田端泰子
41 蓮如 — 神田千里
42 北条早雲 — 池上裕子
43 武田信玄と毛利元就 — 鴨川達夫
44 フランシスコ＝ザビエル — 浅見雅一
45 織田信長 — 藤田達生
46 徳川家康 — 藤井讓治
47 後水尾院と東福門院 — 山口和夫
48 徳川光圀 — 鈴木暎一
49 徳川綱吉 — 福田千鶴
50 渋川春海 — 林 淳
51 徳川吉宗 — 大石 学
52 田沼意次 — 深谷克己
53 遠山景元 — 藤田 覚
54 酒井抱一 — 玉蟲敏子
55 葛飾北斎 — 大久保純一
56 塙保己一 — 高埜利彦
57 伊能忠敬 — 星埜由尚
58 近藤重蔵と近藤富蔵 — 谷本晃久
59 二宮尊徳 — 舟橋明宏
60 平田篤胤と佐藤信淵 — 小野 将
61 大原幽学と飯岡助五郎 — 高橋 敏
62 ケンペルとシーボルト — 松井洋子
63 小林一茶 — 青木美智男
64 鶴屋南北 — 諏訪春雄
65 中山みき — 小澤 浩
66 勝小吉と勝海舟 — 大口勇次郎
67 坂本龍馬 — 井上 勲
68 土方歳三と榎本武揚 — 宮地正人
69 徳川慶喜 — 松尾正人
70 木戸孝允 — 一坂太郎
71 西郷隆盛 — 徳永和喜
72 大久保利通 — 佐々木克
73 明治天皇と昭憲皇太后 — 佐々木隆
74 岩倉具視 — 坂本一登
75 後藤象二郎 — 村瀬信一
76 福澤諭吉と大隈重信 — 池田勇太
77 伊藤博文と山県有朋 — 西川 誠
78 井上馨 — 神山恒雄
79 河野広中と田中正造 — 田崎公司
80 尚泰 — 川畑 恵
81 森有礼と内村鑑三 — 狐塚裕子
82 重野安繹と久米邦武 — 松沢裕作
83 徳富蘇峰 — 中野目徹
84 岡倉天心と大川周明 — 塩出浩之
85 渋沢栄一 — 井上 潤
86 三野村利左衛門と益田孝 — 森田貴子
87 ボワソナード — 池田眞朗
88 島地黙雷 — 山口輝臣
89 児玉源太郎 — 大澤博明
90 西園寺公望 — 永井 和
91 桂太郎と森鷗外 — 荒木康彦
92 高峰譲吉と豊田佐吉 — 鈴木 淳
93 平塚らいてう — 差波亜紀子
94 原敬 — 季武嘉也
95 美濃部達吉と吉野作造 — 古川江里子
96 斎藤実 — 小林和幸
97 田中義一 — 加藤陽子
98 松岡洋右 — 田浦雅徳
99 溥儀 — 塚瀬 進
100 東条英機 — 古川隆久

〈白ヌキ数字は既刊〉